JOACHIM MAYER

AF630060

GEBRAUCHSANWEISUNG HOCH—BEETE

EINFACH GÄRTNERN MIT MUSTERBEETEN

KOSMOS

Bei den genannten Personenbezeichnungen wird jeweils nur die männliche Form, zum Beispiel Gärtner, verwendet. Das Buch wird dadurch leichter lesbar. Bitte haben Sie dafür Verständnis.

INHALT

DARAUF KOMMT ES AN

- bevorzugte Nutzung überlegen
- geeigneten Standort aussuchen
- Platzbedarf prüfen
- das große Angebot gründlich erkunden
- passende Größe und Höhe wählen
- zwischen Eigenbau oder Fertigmodellen entscheiden
- Hochbeetmaterial sorgfältig wählen
- bei Balkon und Dachgarten auf Tragfähigkeit achten
- in Hanglagen an Stützwirkung von Hochbeeten denken
- Hochbeete am besten in Nord-Süd-Richtung aufstellen
- Vielfalt der Hochbeet-Formen und -Typen nutzen

STANDORT UND MATERIAL

Standort: Hochbeete passen fast überall

Ob großer oder kleiner Garten, Terrasse oder Dachgarten: Für Hochbeete findet sich fast überall ein passender Platz. An schwierigen Standorten können sie sogar zum "Problemlöser" werden.

Ein Hochbeet lässt sich überall aufstellen, wo sonst Bodenbeete angelegt werden oder Pflanzen in großen Kübeln wachsen. Sogar auf dem Balkon kann man mit Mini-Hochbeeten den Vorteil der angenehmen Arbeitshöhe genießen und reichlich Gemüse ernten. Hochbeete eignen sich auch gut für Dachgärten und -terrassen.

In Hochbeeten gedeiht eine Vielzahl von Pflanzen, darunter auch Blumen, Stauden und kleine Ziergehölze. Rundum gut abgedichtete Behältnisse können sogar als Hochteiche dienen und Wasserpflanzen beherbergen. Das erspart einem nebenbei das mühsame Ausheben einer Teichgrube.

Doch die allermeisten Hochbeetfans interessiert vor allem der Anbau von schmackhaftem, gesundem Gemüse.

FAVORITEN: GEMÜSE UND KRÄUTER

Gerade für den Anbau von Gemüse, mitsamt Kräutern und Erdbeeren, bieten Hochbeete die besten Voraussetzungen: mit rückenfreundlicher Arbeitshöhe, wachstumsfördernder Wärme und fruchtbarer Erde. So kann die Ernte hier weit üppiger ausfallen als in einem Bodenbeet. Dazu kommt, dass Wühlmäuse in Hochbeeten kaum zur Plage werden, wenn man sie von vornherein durch ein engmaschiges Bodengitter aussperrt.

Überwiegend sonnig

Steht der Gemüseanbau im Mittelpunkt, dann ergibt sich praktisch von selbst der optimale Hochbeetstandort: möglichst sonnig, zumindest mit gut einem halben Tag direkter Sonneneinstrahlung. Hochbeete legt man ebenso wie Bodenbeete am besten in Nord-Süd-Richtung an, damit sie morgens die Ostsonne und bis zum Abend die Westsonne genießen. Besonders wichtig ist das für Fruchtgemüse wie Tomaten und Chilis.

Ideal ist ein etwas geschützter Platz, der keinen starken Winden und Frösten ausgesetzt ist – aber auch nicht so windstill, dass die Blätter nach Regen kaum abtrocknen und sich im Hochsommer die Hitze staut. Wenn möglich, sollten die Hochbeete nah am Haus bzw. am Garteneingang platziert werden. Das erleichtert die Pflege, ebenso wie eine gut erreichbare Wasserzapfstelle.

1

2

1. Mit attraktiven Schattenstauden bepflanzt, können Hochbeete auch lichtarme Plätze bereichern.

2. Bunter Hochbeet-Genuss für Auge und Gaumen: Erbsen, Pflücksalat, Zwiebeln und Hornveilchen

Schön im Schatten

Finden sich nur mehr oder weniger stark beschattete Plätze, bleiben einem nur noch Kräuter-Spezialitäten wie Bärlauch, Waldmeister und die nässeliebende Brunnenkresse. Die eignen sich allerdings besser für naturnahe Gartenecken als für ein Hochbeet. Das wird stattdessen mit schattenverträglichen Stauden zu einem besonderen Blickpunkt: etwa mit Elfenblumen, Funkien, Lerchensporn, Mondviole, Salomonsiegel und Tränendem Herz.

GESTALTUNGSELEMENT HOCHBEET

Unabhängig von seiner Bepflanzung fällt auch das Hochbeet selbst ins Auge, wenn es z. B. mit schönen Hölzern konstruiert ist. Eine passende Wegumrandung, etwa mit Ziegel- oder Natursteinen, kann die dekorative Wirkung verstärken. Auch das ist eine Standortfrage: Wo kommt dieses besondere Gartenelement am besten zur Geltung? Schließlich können Hochbeete auch als Raumteiler den Garten gliedern, Gartenteile optisch ansprechend abgrenzen und mit hochwüchsigen Pflanzen als Sichtschutz dienen.

CHECKLISTE:

NUTZUNG VON HOCHBEETEN

ZUM ANBAUEN VON

- ☐ Gemüse
- ☐ Kräutern
- ☐ Erdbeeren
- ☐ kleinen Obststräuchern

ALS BESONDERE ZIERDE

- ☐ mit einjährigen Blumen
- ☐ mit Schattenstauden
- ☐ als Hochteich
- ☐ als Bienenweide und für Schmetterlinge

Stehen mehrere Hochbeete nebeneinander, braucht es dazwischen ausreichend breite Wege.

WELCHE GRÖSSE BRAUCHE ICH?

Fertighochbeete bzw. Bausätze finden Sie in Garten- und Baumärkten in vielen verschiedenen Größen. Und beim Eigenbau können Sie noch mehr variieren. Was wirklich passt, hängt zunächst vom verfügbaren Platz ab. Wenn der ausreicht, empfehlen sich Maße, die sich auch bei Bodenbeeten bewährt haben: 100–120 cm breit und 160–200 cm lang. Damit beansprucht das Hochbeet eine Fläche zwischen 1,6 und 2,4 m^2. Wollen Sie mehrere Hochbeete nebeneinander aufbauen, müssen Sie auch Platz für Wege einberechnen: wenigstens 40–50 cm breit, um bequem zwischen den Beeten zu laufen.

Die Breite von 100–120 cm entspricht ungefähr der zweifachen Armlänge, sodass das Hochbeet von beiden Seiten gut erreichbar ist. Entsprechend sind für Anlehnhochbeete, die mit der Rückseite an einer Wand angebracht werden, 50–60 cm Breite bzw. Tiefe ideal.

WAS IST DIE OPTIMALE HÖHE?

Um in bequemer, rückenfreundlicher Haltung zu gärtnern, sollte die Oberfläche des Hochbeets ungefähr auf Hüfthöhe kommen. Probieren Sie das am besten in einem Garten- oder Baumarkt selbst aus. Denn es kann sich herausstellen, dass Ihnen viele der angebotenen Modelle zu niedrig sind: Sie haben oft nur 70–75 cm Höhe. Ist man kleiner als 160 cm, lässt sich damit ganz gut arbeiten. Bei einer Körpergröße zwischen 160 und 180 cm werden 80–100 cm Höhe als angenehmer empfunden. Wer größer als 180 cm ist, muss sich trotzdem ein wenig bücken – oder sein Hochbeet selbst bauen: Fertigbeete, die höher sind als 100 cm, werden kaum angeboten.

Es gibt Ausnahmen, bei denen 40–60 cm Höhe genügen. Das sind zum einen Kinderhochbeete, an denen die Kleinen oft viel Freude haben. Zum andern sollten Hochbeete auf Dachgärten und Balkonen niedriger sein, damit sie mit feuchter Erdfüllung nicht zu schwer werden (siehe S. 10–11).

Kommt die Oberfläche des Hochbeets ungefähr auf Hüfthöhe, ist das ideal für angenehmes, rückenschonendes Arbeiten.

Schöne platzsparende Lösung: Ein Eckhochbeet kann z. B. den Terrassenrand umrahmen.

Für so ein kleines Gartenparadies auf der Dachterrasse empfehlen sich niedrige Hochbeete.

AUCH FÜR SCHWIERIGE STANDORTE

Im Garten können Hochbeete nicht nur die ebenerdigen Beete ersetzen: Mit ihnen lassen sich auch Flächen nutzen, die sich nicht für Bodenbeete eignen, etwa im Schatten unter Bäumen und Sträuchern. Oft wächst hier am Boden kaum noch etwas, auch wegen der kräftigen Gehölzwurzeln.
Durch die erhöhte Oberfläche rücken die Pflanzen in Hochbeeten etwas näher ans Licht. Im Schatten kann dieser kleine Unterschied viel ausmachen. So gedeihen in einem Hochbeet z. B. Stauden für den Halbschatten prächtig; teils sogar Gemüse, wenn die Gehölze den Platz nur mäßig beschatten.

Lösungen für Bodenprobleme

Besonders hilfreich sind Hochbeete bei schwierigen Böden: verdichtet und nass, sehr trocken und sandig oder stark durchsetzt mit Steinen oder Bauschutt. Das Aufschütten von Mutterboden reicht in solchen Fällen nicht immer, oft muss man zuvor den Untergrund mühsam verbessern. Das kann Ihnen ein Hochbeet ersparen: Dessen Erdfüllung ist weitgehend unabhängig von dem, was darunter liegt. Und sie reicht für die meisten Gemüse, Kräuter und Blumen aus, weil diese mit 20–50 cm Wurzeltiefe gut zurechtkommen.
Dadurch ermöglicht ein Hochbeet sogar den Anbau von Gemüse und kleinen Obststräuchern, wenn der Gartenboden mit Schadstoffen belastet ist, etwa mit Schwermetallen. In diesem Fall empfiehlt sich der Einbau einer festen Sperrschicht unter dem Hochbeet. Ebenso kann ein Hochbeet helfen, wenn sich im Grundbeet Welke- und Bodenpilze breitgemacht haben, z. B. Kohlhernie oder Stängelgrundfäule.

AUF TERRASSE UND DACHGARTEN

Weil Hochbeete nicht unbedingt Bodenkontakt brauchen, lassen sie sich prima auf Terrasse, Balkon und Dachgarten nutzen. Allerdings müssen Sie in höheren Etagen auf die Tragfähigkeit der Böden bzw. Decken achten. Das gilt auch für eine ebenerdige Terrasse, wenn diese über einem Keller oder Heizraum angelegt wurde.

1

1. Selbst auf einem kleinen Balkon kann man Hochbeete wunderbar nutzen. Sie dürfen allerdings nicht zu schwer sein, um den Boden nicht zu überlasten.

2. Mini-Balkon in luftiger Höhe: Auch hier lässt sich ein Hochbeet mit Erdbeeren und Kräutern unterbringen.

2

Starke Dauerbelastung kann mit der Zeit zu Rissen, schlimmstenfalls sogar zu einem Einsturz führen. Lassen Sie deshalb im Zweifelsfall die Tragfähigkeit durch einen Statiker oder Bauingenieur überprüfen. Der kann auch beraten, wie sich der Boden einer Dachterrasse eventuell verstärken lässt.

Tragfähigkeit: Risiken vermeiden

Manche ältere Balkone und Dachgärten verkraften, je nach Konstruktion, nur 200–300 kg pro m^2. Doch schon ein 50 cm hohes Hochbeet mitsamt Erdfüllung und gespeichertem Wasservorrat kann mit bis zu 250 kg pro m^2 auf den Untergrund „drücken“. Deshalb sollte man hier die Hochbeethöhe vorsichtshalber auf 40 cm beschränken, mit einer Last von höchstens 200 kg/m^2.
Neuere Bauten dagegen müssen eine DIN-Norm erfüllen und verkraften nach dieser eine Nutzlast von mindestens 400 kg pro m^2. Das reicht theoretisch für 80 cm hohe Beete. Ratsam sind hier jedoch höchstens 60 cm; gerade auf Dachgärten und -terrassen, die öfter starken Winden ausgesetzt sind.

Bei niedrigen Hochbeeten und Tischhochbeeten verzichtet man besser auf eine Schichtung mit verrottenden Gartenabfällen. Stattdessen empfiehlt sich als unterste Lage eine Dränage aus leichten Blähtonkügelchen (rund 10 cm hoch), über die gute Pflanzerde eingefüllt wird.

Terrassenbeet mit Befüllung

Wird auf der Terrasse ein gartenübliches, großes Hochbeet aufgestellt, kann man auch die Vorteile einer „richtigen“ Schichtung nutzen (siehe S. 35). Regenwürmer und andere nützliche Bodenlebewesen haben hier zwar keinen Zugang. Doch wenn Sie beim Aufschichten genug Kompost einbringen, herrscht kein Mangel an Mikroorganismen, die die aufgeschichteten Rohmaterialien in fruchtbare Erde verwandeln. Zu ihrer Unterstützung können Sie zugekaufte Kompostwürmer einsetzen.
Um Nässeschäden an Bodenplatten und Fliesen vorzubeugen, empfiehlt sich als Unterlage eine Bautenschutzmatte oder eine große, flache Auffangwanne.

1

1. Hochbeete mit kräftigen, stabilen Wänden können Hänge abstützen. Zugleich beugen sie dem starken Abschwemmen und Wegrutschen des Bodens vor.

2. Hier wurde nicht nur die Stellfläche für das Hochbeet waagrecht eingeebnet, sondern auch der Bereich davor. So entstand eine gut begehbare Terrassenstufe.

HOCHBEETE AM HANG

Auf einem abschüssigen Gelände wäre ein normal aufgestelltes Hochbeet eine wacklige Angelegenheit. Aber ein leichtes Gefälle können Sie recht einfach ausgleichen: mit Punktfundamenten, die nur die Ecken stützen, oder mit Streifenfundamenten unter den Seitenwänden. Das muss kein Betonfundament sein, sondern geht auch mit großen Pflaster- oder Hohlblocksteinen. Die setzt man mit Sand als Ausgleichschicht so ein, dass die Beetwände in die Waagrechte kommen. Mit einer Tragschicht aus Schotter unter dem Sand stehen die Hochbeete noch stabiler.

Stützende Hochbeete

Bei stärkerem Gefälle wird mehr Aufwand nötig, aber das lohnt sich: Denn hier sind entsprechend eingebaute Hochbeete ideal, um dem Abschwemmen fruchtbaren Bodens vorzubeugen und sie stützen zugleich den Hang ab. Hier werden die Hochbeete meist hangaufwärts so weit eingesenkt, dass die Pflanzfläche auf ein ebenes Niveau kommt. Handelt es sich um ein Holzhochbeet, kann man dessen Außenseite im Bereich der Erdabdeckung mit kräftiger Folie vor Feuchtigkeit schützen.
Zunächst hebt man am Hang eine (möglichst) waagrechte Stufe aus, die

2

etwas breiter und tiefer ist als das vorgesehene Hochbeet. Bei starker Hangneigung empfiehlt es sich, zuvor die Seitenwände und die Rückseite provisorisch abzustützen, z. B. mit kräftigen Schalbrettern. Praktisch ist auch hier Sand als Ausgleichschicht, um das Hochbeet einzusetzen und mit einer Wasserwaage auszurichten. Auf diese Weise können Sie auch mehrere Hochbeete am Hang entlang hintereinander einsetzen.

Hochbeet-Terrassen

Zwei oder drei ebene Terrassen, die innerhalb eines Hangabschnitts übereinanderliegen, sind besonders stabil und zudem ein attraktives Gestaltungselement, wenn auf ihnen Hochbeete aufgestellt werden. Das kann schon fast wie eine Tribüne wirken. Allerdings reichen für so ein Projekt Spaten und Schaufel kaum noch aus. Dafür lohnt es sich, einen Mini-Bagger zu mieten oder eine Gartenbaufirma zu beauftragen. Die Terrassenstufen werden 50–100 cm hoch angelegt, je nach Höhe der Hochbeete.
Planen Sie bei mehreren Hochbeeten am Hang auch ausreichend Platz für Wege zwischen den Beeten ein. Als sehr praktisch erweist sich außerdem eine Treppe an der Seite der Hochbeet-Terrassen.

TIPP

Ist die Böschung ziemlich steil und eine gute Stützwirkung erforderlich, eignen sich besonders Gabionen, Betonhochbeete und aus Stein gemauerte Umrandungen – am besten auf einem Beton- oder Mineralbetonfundament.

Baustoffe: von Holz bis Stein

Alle Materialien haben ihre Vor- und Nachteile. Dabei hängt die Qualität und Haltbarkeit eines Hochbeets nicht nur vom Baustoff ab, sondern auch von der Verarbeitung.

CHECKLISTE:

KRITERIEN FÜR DIE MATERIALWAHL

- ☐ Aussehen
- ☐ Haltbarkeit
- ☐ Stabilität
- ☐ Isolierung, Wärme
- ☐ Kosten
- ☐ Auswahl an Fertigmodellen
- ☐ Aufwand für den Eigenbau
- ☐ Verfügbarkeit an Baumaterialien
- ☐ Aufwand für späteres Umsetzen
- ☐ Eignung als Hangstütze

Unabhängig vom Material der Seitenwände sollten alle Hochbeete mit einem engmaschigen Drahtgitter ausgestattet werden, das man unten zum Schutz gegen Wühlmäuse ausbreitet. Die geschlossenen Wände der Metall-, Kunststoff- und Betonhochbeete haben den Vorteil, dass darüber keinerlei Schädlinge eindringen können.

HOCHBEETE AUS HOLZ

Hochbeete aus Holz sind nach wie vor die Favoriten. Zum einen wirken sie sehr natürlich, zum andern kann man sie recht einfach selbst bauen. Preiswerte Hochbeete aus Fichte, Kiefer und Tanne neigen zum frühen Verschleiß und werden öfter durch eine (umstrittene) Kesseldruckimprägnierung haltbarer gemacht. Douglasie und Lärche dagegen halten auch unbehandelt bis zu 15 Jahre. Noch dauerhafter – und teurer – sind Hochbeete aus Eiche oder „Akazie" (Robinienholz). Holzhochbeete bestehen meist aus Brettern, die

1

2

1. Hochbeete aus geflochtenen Weidenruten haben einen ganz eigenen, naturnahen Charme.

2. Hochbeete aus Cortenstahl wirken mit ihrer Rost-Patina sehr ansprechend und fügen sich optisch besser in den Garten ein als andere Metallbeete.

quer an vier bis sechs Pfosten angebracht werden. Damit diese unten nicht verrotten, werden sie am besten mit Bodenhülsen eingeschlagen oder auf Platten gestellt. Die Innenwände sollten mit Folie ausgekleidet werden.

Hochbeete aus Paletten

Die eigentlich für das Transportwesen entwickelten Europaletten haben genormte Maße von 120 cm × 80 cm sowie 120 cm × 100 cm. So lassen sich aus vier Paletten leicht 120 cm breite Hochbeete errichten, mit knapp 1,5 m^2 Pflanzfläche und einer angenehmen Arbeitshöhe. Zusätzlich können Sie die Zwischenräume zwischen den Palettenklötzen zum Bepflanzen nutzen.

Hochbeete aus Weidenruten

Hochbeete aus geflochtenen Weidenruten bestechen mit dem Flair alter Kloster- und Bauerngärten. Sie haben meist einen Holzrahmen, in den die Weidenflechtwände eingehängt werden. Die langen, biegsamen Ruten ermöglichen aber auch schöne runde, ovale und halbkreisförmige Hochbeete. Dazu muss man sie allerdings geduldig zwischen eng aufgestellten Stützstäben einflechten.

HOCHBEETE AUS METALL

Hier reicht die Bandbreite von Aluminium über feuerverzinktes Stahlblech und Zincalume (mit Zink und Aluminium beschichtetes Blech) bis zum Edelstahl. Entsprechend sind die Eigenschaften sehr unterschiedlich: Aluminium ist leicht und einfach zu reinigen; Stahl dagegen ist schwer und sollte außen öfter von Erdresten gesäubert werden. Als „High End" gilt der Cortenstahl: Der rostet außen an und bekommt dadurch eine rötliche Patina. Doch hier frisst sich der Rost nicht weiter, sondern wird sogar zu einer Schutzschicht gegen Korrosion. Dadurch ist Cortenstahl außerordentlich wetterfest und beständig.

1. Palettenhochbeete bleiben durch Anstriche mit Naturlasur länger ansehnlich und haltbar.

2. Steinhochbeete können toll aussehen – und einen ein ganzes Gärtnerleben lang begleiten.

1

2

HOCHBEETE AUS KUNSTSTOFF

Hochwertige Kunststoff-Modelle sind lang haltbar und im Vergleich zu anderen Qualitätshochbeeten recht preiswert. Sie lassen sich meist einfach mit Stecksystemen aufbauen und leicht umsetzen. Doch die zwangsläufig künstliche Optik können auch Holz- oder Terrakotta-Imitate nicht ganz verbergen.

HOCHBEETE AUS STEINEN

Hochbeete aus Steinen wirken sehr natürlich. Besonders vorteilhaft ist ihre Wärmespeicherung, die in kühlen Nächten den Pflanzen zugute kommt. Relativ einfach lassen sich quaderförmige Mauersteine aufsetzen, z. B. aus Kalkstein, Ziegel oder Basalt. Sie werden in der Regel mit Mörtel verbunden. Unregelmäßig geformte Natur- und Bruchsteine, die man ohne Mörtel aufsetzt, sehen toll aus. Die Wände werden hier aber ziemlich breit und die Beete brauchen entsprechend viel Platz.
Für Steinmauern ist ein Fundament nötig, das mindestens 20–30 cm tief in den Boden reicht. Der ausgehobene Graben wird mit Kies oder Schotter aufgefüllt. Manche Gartenbesitzer bevorzugen stattdessen ein festes Betonfundament.
Hochbeete aus Betonplatten sind eine preiswerte Alternative und bieten ähnliche Vorteile wie andere Steinhochbeete. Im Angebot findet man leicht zu montierende Modelle aus schlichtem Sichtbeton, mit Naturstein- oder Holzstruktur-Optik.

Gabionenhochbeete

Auch Gabionenhochbeete bestehen aus Steinen, die hier in schmale Körbe aus korrosionsfestem Metallgitter gefüllt werden (siehe S. 19). Mit solchen Körben können Sie beliebig große Hochbeete anlegen und diese nach dem Baukastenprinzip erweitern. Sollen die Gabionen z. B. einen Hang stützen, wird ein Fundament aus Beton oder Mineralbeton nötig. Andernfalls reicht ein eingeebneter, gut verdichteter Boden. Wichtig sind Distanzhalter aus Metall: Sie werden alle 20–30 cm an beiden Korbseiten eingehängt, damit die Gitter durch die Steine nicht nach außen gedrückt werden.

DIE WICHTIGSTEN BAUMATERIALIEN

Bei der Vielfalt an Baumaterialien und Hochbeetangeboten sind die hier genannten Eigenschaften keine Pauschalurteile: Denn es gibt bei jedem Baustoff gute „Ausreißer“, die kaum irgendwelche Minuspunkte haben – aber eben auch mangelhafte Modelle. Die aufgeführten Vor- und Nachteile geben vor allem Hinweise, auf was man je nach Material besonders achten sollte.

MATERIAL	EIGENSCHAFTEN
HOLZ	**Vorteile:** Naturmaterial, große Auswahl, leichter Aufbau, leicht umsetzbar, einfacher Eigenbau **Nachteile:** preiswerte Modelle mit begrenzter Haltbarkeit
EUROPALETTEN	**Vorteile:** Naturmaterial, preiswert, hitzeimprägniert, leicht umsetzbar, einfacher Eigenbau **Nachteile:** Selbstbau nötig, Größe vorgegeben
ALUMINIUM	**Vorteile:** leicht, preiswert, einfach umzusetzen **Nachteile:** künstliche Wirkung, rasche Erwärmung und Abkühlung, gelegentlich Auftreten von Rissen
EDELSTAHL	**Vorteile:** sehr stabil und dauerhaft **Nachteile:** künstliche Wirkung, teils sehr teuer, rasche Erwärmung und Abkühlung, schwer umsetzbar, teils rostanfällig
KUNSTSTOFF	**Vorteile:** leichter Aufbau, einfach umzusetzen, lang haltbar, isolierend, teils Recycling-Material **Nachteile:** künstliche Wirkung, Billigmodelle oft nicht stabil und nicht UV-beständig
STEINE UND GABIONEN	**Vorteile:** Naturmaterial, sehr lang haltbar, gute Wärmespeicherung, gute Hangstützung **Nachteile:** aufwendiger Bau, meist Fundament nötig, teils sehr teuer, kaum umsetzbar
BETONPLATTEN	**Vorteile:** preiswert, leichter Auf- und Umbau, lang haltbar, gute Hangstützung **Nachteile:** künstliche Wirkung

Hochbeete aus Stahlblech und Zincalume findet man öfter mit ovalen Formen. Zincalume ist ein mit Zink und Aluminium beschichtetes Stahlblech, das als sehr witterungsbeständig gilt.

HOCHBEET-FORMEN UND -TYPEN

Die meisten Hochbeete haben die übliche, rechteckige Kastenform. Angeboten werden auch quadratische Hochbeete, die sich teils leichter unterbringen lassen.
Ebenfalls quadratisch, aber deutlich größer, sind Palettenhochbeete mit 120 cm Seitenlänge und 80–100 cm Höhe. Die lassen sich mit sechs statt vier Paletten auch leicht zum Rechteck-Kasten mit 240 cm Länge erweitern. Dazu werden je drei Paletten in U-Form verschraubt und dann an den offenen Seiten miteinander verbunden, oben mit einem stabilisierenden Brett in der Mitte.

Besondere Bauweisen

Eckhochbeete haben im Grundriss eine L-Form. So können sie wunderbar Gartenecken rahmen, ebenso z. B. den Terrassenrand. Im Prinzip handelt es sich um zwei miteinander verbundene Hochbeete, die weniger Platz brauchen als separate Kästen.

Echte Hingucker sind runde Hochbeete, in denen Kräuter und Blumen sehr attraktiv zur Geltung kommen. Das Angebot reicht von Holzpalisaden-Beeten mit nur 1 m Durchmesser bis zu über 2 m breiten Gabionenrundbeeten.
Kasten-, Eck- und Stufenhochbeete werden öfter mit integriertem Rankgitter angeboten. Das ist eine Hochbeeterweiterung, die man einfach auch selbst anbauen kann. So eine Kletterhilfe erleichtert z. B. den Anbau von Gurken und Erbsen.
Stufenhochbeete erinnern an Pflanzentreppen, haben in der Regel aber einen offenen Boden und damit Erdkontakt. Sie bestehen meist aus drei Stufen, die oft nur 25 cm tief sind. Damit eignen sie sich vor allem für Kräuter, Salate und Blumen. Man findet aber auch größere, breitere Ausführungen mit zwei bis vier Stufen. Hier kann man z. B. hoch wachsende Gemüse wie Tomaten in die tiefste Stufe pflanzen und niedrige Arten ganz oben.

Werden Hochbeete mit Stützstäben, Rankgittern oder Rundbögen ausgestattet, lassen sich daran Bohnen, Erbsen und Gurken hochziehen – oder auch attraktive Zierpflanzen wie Duftwicken.

Rundes Schmuckstück: Kräuter im Gabionenbeet, mitsamt Steckleuchten für abendliches Betrachten

1

2

1. Tischhochbeete sind eine feine Sache für Balkon und Terrasse – und mit „rollenden Beinen" besonders praktisch.

2. Ein Hochbeet zum Relaxen: Auch hier helfen Rollen, den schönen Sitzplatz nach Belieben in die Sonne oder den Schatten zu verlegen.

Tisch- und Rollhochbeete

Tischhochbeete sind Pflanzkästen auf Beinen oder Gestellen. Sie eignen sich besonders für Balkon und Terrasse. Bei entsprechender Größe können die Pflanzkästen immerhin 30–40 cm hoch sein und damit genug Erde für die meisten Gemüsearten fassen. Niedrige und schmale Hochbeete für Balkon, Terrasse und Dachgarten haben meist einen geschlossenen Boden. So kann man unten einfach Rollen anschrauben, ebenso bei den Tischhochbeeten. Dadurch werden sie „mobil" und lassen sich z. B. leicht an einen sonnigeren Platz rücken.

Hochbeete mit Sitzplätzen

Das Hochbeet soll und muss nicht nur zum Arbeiten dienen. Integrierte Sitzplätze sind eine feine Sache, beispielsweise für entspannte Pausen. Schraubt man seitlich ein Bankbrett in Sitzhöhe an, wird die Hochbeetwand zur Rückenlehne. Der Hochbeetsitzplatz kann aber auch der Mittelpunkt sein, wenn einem der Gemüseanbau nicht ganz so wichtig ist. Dann wird z. B. ein niedriger Kasten im Zentrum als bequeme Sitzbank gestaltet, umgeben von höheren Kästen mit Blumen, Kräutern und Erdbeeren zum Naschen.

Unterfahrbare Hochbeete

Für Hobbygärtner, die auf einen Rollstuhl angewiesen sind, bieten Hochbeete eine gute Lösung. Diese sollten allerdings unterfahrbar sein, damit man ohne Verrenkungen alle Pflanzen gut erreicht. Grundsätzlich geht das gut mit Tischhochbeeten. Dazu darf der Pflanzkasten aber je nach Körper- und Rollstuhlgröße erst ab 50–80 cm Höhe anstehen. So kann er jedoch nur wenig Erde fassen und ermöglicht keine vielfältige Bepflanzung. Als optimal gelten deshalb Bauweisen, bei denen in der Mitte der Kasten bis zum Boden reicht, die aber von den Seiten her unterfahrbar sind.

AUFSÄTZE FÜR DIE ERNTE-VERLÄNGERUNG

Manche Hersteller bieten für ihre Modelle passende Aufsätze an, mit denen das Hochbeet zum Frühbeet oder zu einem bis 2 m hohen Kleingewächshaus wird. Bei einfachen Aufsätzen werden Folien oder Vliese über Bögen gezogen. Aufwendigere Abdeckungen bestehen aus Plexiglas (Acrylglas) oder Polycarbonat, mit Rahmen aus Metall, Holz oder Kunststoff.
Damit lässt sich im Frühjahr und Frühsommer die Ernte um mehrere Wochen verfrühen und im Spätjahr bis in den Winter hinein ausdehnen. Ein Frühbeetaufsatz ermöglicht zudem das Vorziehen von Gemüse und Blumen. Unter größeren Aufsätzen können Sie z. B. auch wärmeliebende Gemüse wie Chilis und Auberginen anbauen und bereits ab April pflanzen. Für hochwüchsige Tomaten, Paprika und Gurken gibt es Hochbeete mit höchstens 40 cm hohen Kästen und bis 180 cm hohen Aufsätzen. Teils handelt es sich um hohe, schmale Folienhäuser, teils um höhenverstellbare Schutzdächer mit offenen Seiten, teils um „richtige" Gewächshäuser mit belüftbaren Plexiglaswänden.

Optimal geschützt

Aufsätze aus wetterfesten Hohlkammerplatten bieten nicht nur warme Standorte, sondern schützen die Pflanzen zudem vor kräftigen Winden, Sturmregen und Hagel. Bleiben sie das ganze Jahr auf den Hochbeeten, ist eine hohe Lichtdurchlässigkeit besonders wichtig, ebenso eine zuverlässige UV-Beständigkeit. Achten Sie hier unbedingt auf gute Lüftungsmöglichkeiten durch Fensterklappen. Fensterartige Frühbeetaufsätze sollten ebenfalls gut aufklappbar sein und sich in verschiedenen Öffnungswinkeln fixieren lassen.

Mit einer Frühbeetabdeckung aus Plexiglas können Sie zeitig die ersten Ernten genießen. Wichtig ist eine Möglichkeit zum Lüften.

BAU UND BEFÜLLUNG

DARAUF KOMMT ES AN

- Eigenbau für individuelle Ansprüche nutzen
- mit Material- und Werkzeugliste gut vorbereiten
- einfacher Aufbau mit Stecksystemen
- innen mit Folie schützen
- vorzugsweise im Herbst befüllen
- auf gut geeignete Füllmaterialien achten
- die Erde nach 5 bis 6 Jahren erneuern
- die Befüllung auf Pflanzen und Hochbeetgröße abstimmen
- Aufsätze für eine Ernteverlängerung bauen

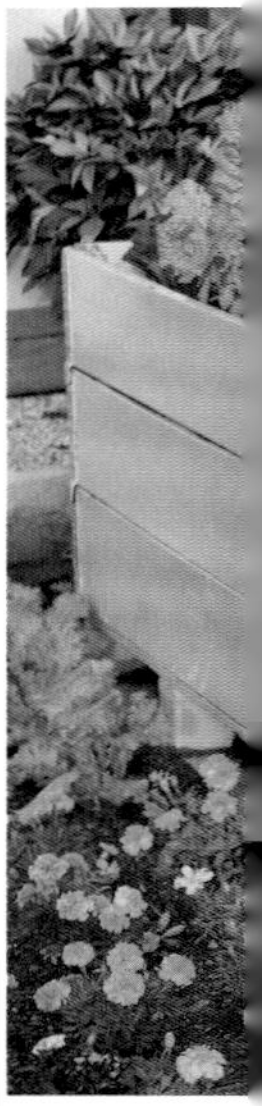

1

Hochbeete selbst bauen

Wer sein Hochbeet selbst baut, kann es ganz nach seinen Vorstellungen und Bedürfnissen konstruieren. Und es macht einfach Spaß, danach das eigene Werk zu betrachten und zu benutzen.

Hochbeete, bei denen man nur noch die vorgefertigten Bauteile montieren muss, erhält man in zahlreichen Ausführungen. Da findet sich viel Passendes für unterschiedliche Ansprüche. Doch neben allem, was man sonst vielleicht vermisst, gibt es einen verbreiteten „Mangel“: Fertighochbeete sind oft zu niedrig für mittelgroße und große Hobbygärtner (siehe S. 8). Schon das spricht für einen Eigenbau. Zudem kann man einiges an Geld sparen, was aber auch vom gewählten Material abhängt.

SELBSTBAU FÜR EINSTEIGER

Hochbeete aus Holzbrettern gehören zu den beliebtesten Eigenbau-Projekten. Und mit Palettenhochbeeten kommen selbst ungeübte Heimwerker gut zurecht. Das Flechten von Hochbeetwänden aus Weiden- oder Haselruten dagegen braucht schon etwas Übung und vor allem Geduld. Sie können sich das aber auch ein wenig leichter machen, indem Sie fertige Weidenzaun-Elemente an einem passenden Holzrahmen befestigen. Unter den Steinhochbeeten machen Gabionen die wenigste Mühe, sollten aber wegen des Gewichts der Steinfüllung stets mit Helfern errichtet werden. Fachkundige Unterstützung kann nötig werden, wenn man Fundamente gießt und Steinmauern baut.

Wichtig: Folienschutz

Bei Holzhochbeeten sollten die Seitenwände innen mit stabiler Folie vor Feuchtigkeit geschützt werden. Die kann man an den Seiten festtackern und unten ein Stück in den Boden eingraben oder etwas nach innen einschlagen, sodass ein schmaler Rand entsteht. Meist werden dunkle Noppenfolien bevorzugt (aus HD-PE besonders robust und umweltfreundlich). Sehr haltbar, aber auch recht teuer sind EPDM-Folien aus Kautschuk. Von Teichfolien aus PVC ist

1. Kleine Hochbeete aus zwei bzw. drei Rahmenelementen, die über Scharniere verbunden sind

2. Wichtig: das Auskleiden mit stabiler Folie

3. Um dem Verrotten von unten vorzubeugen, stellt man den Rahmen auf Platten oder schlägt die Eckpfosten mit Bodenhülsen ein.

3

2

abzuraten, denn sie können schädliche Weichmacher ausdünsten; Folien mit phthalatfreien Weichmachern dagegen gelten als völlig unbedenklich.

EINFACHE LÖSUNG: STECKSYSTEME

Bei Hochbeeten mit Stecksystemen sind die Bauteile zwar vorgefertigt. Sie ermöglichen aber oft verschiedene Anbauten und Aufbauten für individuelle Lösungen. Bei Holz-Stecksystemen handelt es sich meist um rechteckige, 15–20 cm hohe Rahmen, die übereinandergestapelt und über Scharniere, Metallstifte oder Zapfen verbunden werden. Damit kann man z. B. auch Stufen- und Eckhochbeete einfach bauen. Gelegentlich werden auch einzelne Bretter mit Verbindungsscharnieren angeboten. Kunststoff wird zwar teilweise verschraubt, aber hier überwiegen Modelle mit Stecksystemen: meist mit einzelnen, brettähnlichen Platten bzw. Paneelen. So ist der Aufbau sehr variabel, bis hin zu sechs- und achteckigen Formen. Aluminium- und Zincalume-Hochbeete lassen sich oft einfach mit Bolzen oder ähnlichem zusammenstecken und so teilweise vergrößern und erweitern.

HOCHBEET AUS HOLZBRETTERN

Dieses recht große, rund 90 cm hohe Hochbeet wird noch stabiler, wenn man in der Mitte der Längsseiten zusätzlich zwei Kantholzpfosten anbringt.

1.

Gut eignen sich Bretter aus Lärche oder Douglasie, mit 14,5 cm Breite: bei diesem Hochbeet für die Schmalseiten 120 cm lang, für die Längsseiten 200 cm. Die Bretter werden über kräftige Eckpfosten (Kanthölzer) miteinander verbunden.

2.

Nach dem Lockern und Einebnen des Bodens legt man die Platten aus, auf die der Rahmen gestellt wird. Dann überprüft man deren Lage rundum mit einer Wasserwaage und gleicht das Niveau durch Unterfüttern mit Sand aus.

3.

Hier wird zuerst das (wichtige!) Wühlmausgitter ausgelegt, dann das Hochbeet auf die Platten gestellt. Noch besser ist es, das Gitter erst nach dem Aufstellen innen auszulegen, an den Rändern hochzuziehen und unten anzutackern.

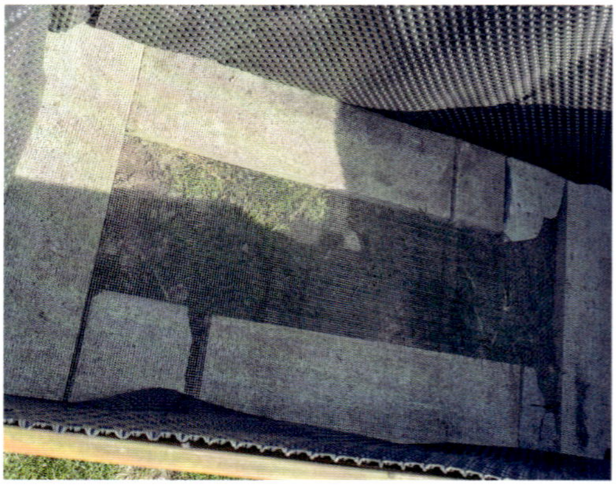

4.

Nun wird innen die Noppenfolie angetackert, die das Holz vor Feuchtigkeit schützt. Sie können diese unten ein Stück in den Boden eingraben oder ein wenig nach innen einschlagen und dann den schmalen Rand mit Steinen fixieren.

5.

Zuunterst wird die 20–30 cm hohe Dränageschicht aus Zweigen eingefüllt. Darüber kommen die abgestochenen Grassoden, mit den Wurzeln nach oben. Dann folgt die 20–30 cm hohe Rotteschicht und obenauf bis 30 cm hoch die Pflanzerde (Details siehe S. 35).

6.

Durch die biologische Aktivität in der Rotteschicht sackt die Oberfläche am Anfang stark ab. Befüllt man das Hochbeet bereits im Herbst, kann man das im Frühjahr durch Nachfüllen von Erde schon ein wenig ausgleichen, bevor gesät und gepflanzt wird.

HOCHBEET AUS PALETTEN

Europaletten werden durch Hitze imprägniert, ohne Chemie. Darauf weisen die Abkürzung „HT“ und ein Ährensymbol am Palettenfuß hin.

1.

Sie brauchen dafür vier Paletten mit den üblichen Maßen von 120 cm × 80 cm. Die schmälere Seite bestimmt die Höhe des Hochbeets, die längere dessen Breite. Die Unterkanten (Palettenfüße) mit den Klötzen kommen rundum nach außen. Sie sind jeweils 14,4 cm breit. Damit misst das Hochbeet an der längeren Seite insgesamt knapp 150 cm.

2.

Am besten verbindet man zuerst jeweils zwei Paletten im 90-Grad-Winkel miteinander. Dann fügt man die beiden Hälften zusammen. Sehr praktisch sind Stahlwinkel, mit denen man innen die Paletten über Eck verschraubt. Zusätzlich kann man von außen mit langen Schrauben die Verbindung verstärken.

3.

Stellt man die Hochbeetecken oder den ganzen Rahmen auf Platten, beugt das dem Verrotten der unteren Bretter vor. Zunächst wird innen ein Wühlmausgitter ausgebreitet und innen angetackert. Dann kleidet man die Seitenwände aus, wie hier mit Kokosmatten oder mit Noppenfolie.

4.

Ebenso wie andere Hochbeete kann man auch das Palettenbeet mit „ergiebigen“ Schichten befüllen: zuunterst eine Dränage aus Gehölzschnitt, darüber die Rotteschicht und schließlich gute Pflanzerde.

5.

An den Außenwänden können Sie unter den Klötzen passend zugesägte Bretter anschrauben (mit 120 cm × 14,5 cm): So erhalten Sie zusätzliche Pflanzkästen. Eine schöne Sache sind Kokostöpfe, die hier in die Kästen eingesenkt werden. Damit kann man auch leicht und schnell abgeerntete Pflanzen durch neue ersetzen.

6.

Der Hochbeetaufbau mitsamt guter Befüllung hat sich offensichtlich gelohnt: Jetzt gibt es schon allerhand zu ernten – obwohl die kleinen Kokostöpfe an den Rändern noch gar nicht alle bepflanzt sind.

HOCHBEET AUS STEINEN

Das Beispiel zeigt den Bau eines Hochbeets aus grob gespaltenen Kalksteinen. Sie werden hier wie bei einer Trockenmauer ohne Mörtel aufgesetzt.

1.

Als Fundament für die Steinreihen wurde hier nach Ausheben eines rund 30 cm tiefen Grabens Schotter eingefüllt. Den verdichtet man am besten mit einem Handstampfer. Abschließend wird die Oberfläche eingeebnet. Das Herstellen einer ebenen Setzfläche gelingt noch besser, wenn man über dem Schotter eine 10 cm hohe Sandschicht ausbringt.

2.

Die Größen der grob gespaltenen Steine sind naturgemäß variabel: insbesondere die Längen, die von den Anbietern oft mit 20–50 cm angegeben werden. Gut eignet sich eine Steinhöhe von 15–20 cm und eine Tiefe (Breite) von 20–25 cm.

3.

Zum wichtigsten Werkzeug gehören eine Wasserwaage, um immer wieder die ebene, gerade Lage zu überprüfen, und ein Gummihammer zum Festklopfen und Ausrichten. Auch das Aufspannen von Richtschnüren kann hilfreich sein.

4.

Die Steinreihen so aufsetzen, dass keine von unten nach oben durchlaufenden Fugen entstehen: Die Fugen sollten ungefähr mittig über die der Reihe darunter kommen. Die Ecksteine setzt man jeweils quer zu denen der Reihe darunter.

5.

Die Beschränkung auf drei Steinreihen und damit auf rund 60 cm Höhe erleichtert hier den Bau einer stabilen Umrahmung. Innen wird ein Wühlmausgitter ausgelegt, darüber kommt eine Dränageschicht und schließlich gute Pflanzerde.

6.

Das „halbhohe", 1 m breite Steinbeet lässt sich gut in der Hocke bearbeiten und von den Längsseiten her bleibt alles leicht erreichbar. Besonders vorteilhaft ist die Wärmespeicherung und -abgabe der Steine. Das kommt z. B. auch Tomaten und Chilis zugute, die in so ein Beet gepflanzt werden.

HOCHBEETAUFSÄTZE SELBST BAUEN

Mit ein wenig handwerklichem Engagement kann man sein Hochbeet mit individuellen Abdeckungen ausstatten – bis hin zum Gewächshausaufsatz mit Fensteröffnern.

1.

Vliestunnel lassen sich leicht errichten und eignen sich für den Schutz früher Saaten ebenso wie zum Abdecken von Herbst- und Wintergemüse. Im Fachhandel gibt es zum Aufspannen der Vliese Rundbögen aus Metall, die allerdings oft nur 45 cm breit sind.

2.

Um Rundbögen mit bis zu 120 cm Breite zu finden, muss man sich gründlich umsehen. Findige Tüftler behelfen sich deshalb öfter mit biegsamen Kaltwasserrohren, Elektro-Leerrohren oder auch mit kräftigen Weidenruten. Zum Überspannen eignen sich Frühbeet- und Gartenvliese.

3.

Vliese können die Pflanzen auch vor Schädlingen schützen. Trotzdem sollte man sie öfter zur Seite schlagen, wenn die Pflanzen gut entwickelt sind. Denn Vliese sind zwar luftdurchlässig, reduzieren aber den für das Wachstum nötigen Lichtgenuss sowie den Wasserdurchfluss.

4.

Echte Handarbeit: Mit Latten, Folie und einfachen Scharnieren an der Hochbeetrückseite wurde hier eine passgenaue Abdeckung konstruiert. Wichtig ist in allen Fällen eine Lüftungsmöglichkeit – selbst wenn es nur ein eingeklemmter Stock ist.

5.

Für so ein aufklappbares Dach braucht es etwas Geduld zum Tüfteln und genaues Abmessen der Einzelteile. Hier lohnen sich auch gut haltbare Latten aus Douglasie oder Lärche sowie Scharniere mit Rastfunktion, die sich in verschiedenen Öffnungswinkeln (in 30°-Abständen) feststellen lassen.

Hochbeet befüllen

Der Garten liefert oft schon „frei Haus“ das Material, das sich im Hochbeet in fruchtbare Erde verwandelt: mithilfe von unzähligen nützlichen Mikroorganismen und kleinen Bodentieren.

1

CHECKLISTE:

MATERIALIEN FÜR DIE BEFÜLLUNG

ESSENZIELL

- ☐ Äste, Zweige, Holzschnitzel
- ☐ Grobkompost und fertiger Kompost
- ☐ Pflanzerde

GUTE ERGÄNZUNG

- ☐ Grassoden
- ☐ Holzhäcksel
- ☐ Laubheckenschnitt

WENIGER GEEIGNET

- ☐ Laub
- ☐ Rasenschnitt
- ☐ frischer Mist

Gehölzschnitt, Gemüse- und Blumenreste, Rasen- und Wiesenmähgut, Falllaub, abgeschälte Grassoden, halbfertiger und ausgereifter Kompost: Vieles lässt sich zum Befüllen eines Hochbeets nutzen. Allerdings eignet sich nicht alles gleich gut.

DER BESTE ZEITPUNKT

Sie können das Hochbeet noch im Vorfrühling anlegen und befüllen, doch der beste Zeitpunkt ist der Herbst. Dann rottet das eingebrachte Material schon ein wenig an, bis die nützlichen kleinen Helfer in die Winterpause gehen, und die Füllung kann sich schon etwas setzen. Im Frühling geht es dann zeitig weiter und durch die Verrottungswärme steigen die Temperaturen deutlich. So können Sie schon 2 bis 3 Wochen früher pflanzen als in einem Bodenbeet. Auch eine frühere Aussaat ist möglich – aber besser erst, nachdem die größte Wärmeentwicklung und Nährstofffreisetzung etwas abgeklungen ist (siehe auch S.. 44).
Doch Vorsicht, auch ein Hochbeet ist nicht sicher vor Nachtfrösten: Halten Sie für zeitige Saaten ein Vlies zum Abdecken bereit – oder, noch besser, einen Frühbeetaufsatz.

1. Gut vorsortiert: Zuerst wird Gehölzschnitt für die Dränage und Belüftung von unten eingefüllt.

2. Aufbau der Hochbeetfüllung:
1. Dränageschicht, 2. abgeschälte Grassoden, 3. Rotteschicht, 4. Pflanzerde. Ganz unten: das Wühlmausgitter.

2

DIE WICHTIGSTEN SCHICHTEN

Gelegentlich findet man Empfehlungen für sechs oder sogar mehr verschiedene Schichten, mit denen das Hochbeet befüllt werden soll. Die Pflanzerde oben sollte aber schon wenigstens 25 cm hoch sein, damit die Wurzeln genug Platz haben. Dann wären die fünf Lagen darunter gerade mal rund 10 cm dick. Solche Mini-Schichten machen unnötig Mühe, denn im Prinzip sind nur drei Schichten wirklich wichtig: unten eine Dränageschicht, darüber eine „Versorgungschicht“, aus der Nährstoffe freigesetzt werden, und obenauf schließlich eine gute Pflanzerde. Was sich zudem gut einbringen lässt, sind die abgetragenen Grassoden, wenn die Fläche vorher mit Rasen oder Wiese bewachsen war.

Über das Wühlmausgitter kommen dann von unten nach oben:

1. Dränageschicht, 20–30 cm hoch: Gehölzschnitt, also grob zerkleinerte Äste und Zweige, oder große Holzschnitzel; für guten Wasserabfluss und Durchlüftung.
2. Zusatzschicht (fakultativ), 10–20 cm hoch: Grassoden vom Hochbeetaushub, mit den Wurzeln nach oben. Oder auch Holzhäcksel, Grünschnitt von Laubhecken, zerkleinerte kräftige Gemüse- und Staudenstängel.
3. Rotteschicht, 20–30 cm hoch: angerottete Gartenabfälle, grober bis halbreifer Kompost; am besten vermischt mit bis zu einem Drittel reifem Kompost, der die Rotte fördert und einem sehr starken Zusammensacken der Füllung vorbeugt.
4. Pflanzschicht, 25–30 cm hoch: Pflanzerde aus dem Fachhandel oder Mischung aus gutem Gartenboden und voll ausgereiftem Kompost.

WICHTIG

Alle Pflanzenreste, von den Dränage-Zweigen bis zu den Gemüseabfällen, sollten keine Anzeichen von Pilz- oder Bakterienkrankheiten aufweisen! Es ist zudem günstig, beim Aufsetzen mehrmals ein wenig Gesteinsmehl auszustreuen.

Den kräftigen Nährstoffschub aus einer Rotteschicht vertragen Kräuter nur mäßig …

Laub, Mähgut und Nadelzweige

Wer schon einmal Laub- und Grasschnitt-Kompost aufgesetzt hat, kennt eine wichtige Voraussetzung für das Gelingen: möglichst gute Belüftung. Wird Laub oder Mähgut dagegen im Hochbeet eingefüllt, neigt das Material zum Verkleben und kann schlimmstenfalls schimmeln. Wer es trotzdem versuchen will, sollte Laub und Grasschnitt direkt über der „luftigen" unteren Dränageschicht einbringen und Holzhäcksel untermischen.

Wird viel Heckenschnitt von Nadelgehölzen eingefüllt, droht die Hochbeeterde zu versauern. Das ist prima, falls man nur Cranberries, Preisel- und Heidelbeeren anbauen will. Doch für Gemüse und die meisten anderen Pflanzen muss dann zum Ausgleich Kalk eingearbeitet werden, weil die keine saure Erde vertragen. Dasselbe gilt für Rindenmulch, der zudem wachstumshemmende Gerbsäure enthält. Rindenmulch ist deshalb als Füllmaterial fürs Hochbeet völlig ungeeignet.

Die Sache mit dem Mist

Mist von Pferden, Rindern und Schafen ist ein wunderbarer Naturdünger. Aber frischer, scharfer Mist wird von den zarten Wurzeln junger Pflänzchen schlecht vertragen. Außerdem entstehen beim Zersetzen anfangs schädliche Ammoniakgase. Die muss man vor dem Säen und Pflanzen erst entweichen lassen. Deshalb sollte Mist besser kompostiert werden, bevor er ins Hochbeet kommt. So kann man zwar seine Verrottungswärme nicht direkt nutzen, reichert aber die Hochbeetfüllung mit Nährstoffen an. Das eignet sich hervorragend für Starkzehrer, z. B. Tomaten, Kohl und Kartoffeln. Schwachzehrern wie Radieschen und Erbsen bekommt das allerdings weniger gut.

... wuchskräftige Gemüse wie Wirsing dagegen umso besser.

TIPP

Es kann sinnvoll sein, für die oberste Hochbeetschicht Pflanzerde zu kaufen, statt den Bodenaushub und selbst gemachten Kompost zu verwenden. Denn so eine Pflanzschicht aus dem eigenen Garten enthält oft reichlich Unkrautsamen und nicht selten auch Schneckeneier.

ERDE AUFFÜLLEN UND ERNEUERN

Die frisch aufgesetzte Hochbeetfüllung sackt am Anfang oft stark zusammen. Auch deshalb ist es am besten, die Schichten schon im Herbst einzufüllen: Dann können Sie gleich im Frühling wieder Pflanzerde aufschütten, bevor Sie säen und pflanzen.
Wird das Beet dagegen erst im Frühjahr befüllt, sackt die Erde ab, während schon die Pflanzen heranwachsen. Darunter können vor allem größere Gemüse leiden, z. B. zeitig gepflanzter Kohl.
So oder so sollte das Hochbeet nach 5 bis 6 Jahren komplett neu befüllt werden. Eine frische Dränageschicht aus Ästen und Zweigen verbessert dann wieder deutlich die Durchlüftung und den Wasserabfluss. Und die neue Rotteschicht liefert wieder kräftig Nährstoffe nach. Nebenbei können Sie durch das Auffrischen der Füllung hartnäckigen Bodenpilzen und -schädlingen vorbeugen.

HOCHBEETE OHNE SCHICHTUNG

Die typische Hochbeetfüllung mit einer nährstoffreichen Rotteschicht eignet sich in erster Linie für den Anbau von Gemüse. Für viele Kräuter dagegen ist das Angebot zu üppig; erst recht für mediterrane Arten wie Oregano und Thymian, die magere Böden bevorzugen. Auch die meisten Blumen und Stauden wollen nicht so kräftig „gemästet" werden. Außerdem lassen sich die höchstens 50–60 cm hohen Dachgarten-, Terrassen- und Balkonhochbeete schlecht mit mehreren Schichten befüllen.
In all diesen Fällen empfiehlt es sich, unten nur eine Dränageschicht einzubringen, je nach Hochbeetgröße 15–30 cm hoch. Hierfür eignen sich Kies, Lavagrus oder leichte Blähtonkügelchen besser als eine Gehölzschnitt-Dränage. Darüber kommt dann einfach eine geeignete Pflanzerde, beispielsweise eine nährstoffarme Kräutererde.

PFLANZENWAHL UND MUSTERBEETE

DARAUF KOMMT ES AN

- bevorzugte und geeignete Arten auswählen
- rechtzeitig Saatgut oder Jungpflanzen besorgen
- eigene Pflanzen beizeiten selbst vorziehen
- Hochbeeterde lockern und einebnen
- nicht zu früh säen und pflanzen
- nicht zu dicht säen und pflanzen
- Samen und Pflanzen nicht austrocknen lassen
- auf Fruchtfolge und Fruchtwechsel achten
- Vorteile von Mischkulturen nutzen
- durch Früh- und Spätsaaten die Ernte verlängern
- Insektenwelt unterstützen

Was gedeiht im Hochbeet?

Gemüse, Kräuter, Blumen und sogar Zwerggehölze: Vieles wächst im Hochbeet prima. Man sollte sich aber nicht dazu verleiten lassen, die begrenzte Fläche allzu dicht zu bepflanzen.

1

Ausreichende Saat- und Pflanzabstände sind sehr wichtig, damit sich die Pflanzen gut entwickeln können. Das gilt gerade auch für Salate und Gemüse, die in Hochbeeten bevorzugt gepflanzt werden. „Schummeln“ bei den Abständen führt oft zu schwachem Wuchs, mickrigen Rüben und Knollen und erleichtert zudem Krankheiten die Ausbreitung. Deshalb gedeihen auch Gemüse und andere Pflanzen, die viel Platz brauchen, in schmalen, engen Hochbeeten eher schlecht als recht.

VERTRÄGLICHE HOCHBEETBEWOHNER

Zum Gemüse im Hochbeet passen auch viele Kräuter. Ebenso „klassische“ Bauerngartenblumen, die seit jeher zwischen Gemüse gepflanzt werden und diese teils sogar vor Schädlingen schützen, wie z. B. die Tagetes (Studentenblume).
Klarer Obst-Favorit sind die Erdbeeren, die auch in Gartenbeeten oft mit Gemüse kombiniert werden. Kleine Beerenobststräucher wie Cranberry, Preiselbeere und Heidelbeere eignen sich ebenfalls für Hochbeete – allerdings nicht zusammen mit Gemüse. Denn alle drei brauchen saure Erde und sollten deshalb separat gepflanzt werden.

Wenn Sie schöne Stauden und kleine Ziersträucher pflanzen möchten, wählen Sie bevorzugt Arten und Sorten, die für die Balkonbepflanzung angeboten werden: so etwa Zwergmispeln, Besen- und Schneeheiden, kleine Glockenblumen, Storchschnäbel, Akeleien und Christrosen. Die passen teilweise sogar ins Gemüsebeet – zumindest am Anfang. Denn bei den Mehrjährigen muss man darauf achten, dass sie sich mit der Zeit nicht zu stark ausbreiten. Das gilt auch für hübsche Zwiebelblumen, die sich z. B. über Brutzwiebeln vermehren können.

SCHWIERIGE KANDIDATEN

Grundsätzlich gibt es vier „kritische Punkte“ bei der Auswahl fürs Hochbeet: großer Platzbedarf, starke Ausbreitung, tief reichende Wurzeln und aufragender Wuchs. Hochwüchsige Stabtomaten und Paprika sowie Zuckermais sollten besser in maximal 40–50 cm hohe Kästen gepflanzt werden, damit man für die Ernte keine Leiter braucht. Für Johannisbeeren, Himbeeren und Brombeeren, die manchmal auch für Hochbeete empfohlen werden, eignen sich große Kübel wesentlich besser. Das gilt noch mehr für Zwergbäumchen, z. B. von Apfel,

2

1. Bauerngarten-Charme: Kohlrabi, Zwiebeln und Kräuter in fröhlicher Gesellschaft von Kapuzinerkresse und Ringelblumen.

2. Fruchtiges zum gesunden Naschen: Am Hochbeetrand machen sich Hänge-Erdbeeren besonders gut.

Birne und Pfirsich, sowie für Rosen, die als Tiefwurzler besonders hohe Töpfe brauchen.
Die breitwüchsigen Zucchini und Auberginen benötigen sehr geräumige Hochbeete – erst recht Gurken und Kürbisse, sofern man sie nicht platzsparend an einem Rankgerüst hochziehen kann. Schließlich gibt es einige Arten, mit denen sich überhaupt kein Experimentieren im Hochbeet lohnt: allen voran Spargel, Rhabarber sowie Artischocke. Und an Stangenbohnen hat man im Hochbeet deutlich weniger Spaß als an Buschbohnen.

DIE BESTEN BLUMEN FÜRS HOCHBEET

Tagetes	Heidenelke
Ringelblume	Gelber Lerchensporn
Kapuzinerkresse	Taubnessel
Hornveilchen	Schneeheide
Gänseblümchen	Kissenaster

DIE GEMÜSE-TOP 10

Beliebt ist grundsätzlich alles, was schmeckt und sich in der Küche oft und vielseitig verwenden lässt. Pflanzen, die schon zeitig im Frühjahr oder noch spät im Herbst Frisches liefern, haben dabei einen besonderen Stellenwert. Die Gemüse müssen aber auch gut ins Hochbeet passen und selbst bei begrenztem Platz eine lohnende Ernte bringen. Von Vorteil ist außerdem eine gute Verträglichkeit in Mischkulturen.

GEMÜSEART	VORZÜGE
KOPF-, EIS- UND ROMANASALAT (SALATHERZEN)	Schon nach 5 bis 15 Wochen erntereif. Passt in Mischkultur zu fast allen Gemüsen und Kräutern.
PFLÜCK- UND SCHNITTSALAT	Schon nach 4 bis 8 Wochen erntereif. Sehr gute Vor-, Zwischen- und Nachkultur, von Februar bis August.
RADIESCHEN	Wie Pflück- und Schnittsalat.
ZWIEBEL	Darf in keiner Küche fehlen. Kann mit intensivem Geruch so manche Schädlinge vertreiben.
BALKON-, BUSCHTOMATE	Das beliebteste Fruchtgemüse. In kompakten Balkonsorten auch für Hochbeete gut geeignet.
MANGOLD	Sehr ergiebiges Stiel- und Blattgemüse. Verträgt sich mit vielen anderen Gemüsen und Kräutern.
BUSCHBOHNE	Schwachzehrer, bindet Luftstickstoff, auch für nachfolgende Kulturen. Nach 8 bis 14 Wochen erntereif.
MÖHRE, KAROTTE	Schmackhaft und kerngesund. Verträgt sich mit vielen anderen Gemüsen und Kräutern.
KOHLRABI	Kann je nach Sorte von April bis August gepflanzt werden. Ertragreich, knackig und gesund.
SPINAT	Aussaat je nach Sorte von Februar bis Oktober. Kann auch über Winter geerntet werden.

DIE KRÄUTER-TOP 10

Bei den Kräutern sind meist keine größeren Erntemengen gefragt, sofern man sie nicht konservieren will. Im Vordergrund steht die Vielfalt der Geschmacksnuancen und Verwendungsmöglichkeiten. Das kann schon ein recht kleines Hochbeet bieten, wenn genug Platz für Kräuter reserviert wird – oder sogar ein eigenes Quartier. Denn Kräuter sind oft Schwachzehrer und kommen mit sehr nährstoffreicher Hochbeeterde nicht immer zurecht.

KRÄUTERART	VORZÜGE
BASILIKUM	Sehr beliebtes, ergiebiges Kraut. Passt im Beet wie in der Küche prima zu Tomaten, Mangold und Zucchini.
PETERSILIE	Der Klassiker im Kräuterbeet, sehr vielseitig verwendbar. Im Anbau teilweise etwas heikel.
DILL	Für Folgesaaten von April bis August. Fördert Keimung und Wuchs z. B. von Salat und Möhren.
KERBEL	Ernte schon nach 4 bis 6 Wochen, für Folgesaaten von März bis August. Hilft gegen Läuse am Salat.
BORRETSCH	Attraktive blaue Blüten, lockt viele Insekten zum Bestäuben von Fruchtgemüse und Erdbeeren an.
BOHNENKRAUT	Würzig herber Geschmack. Passt auch im Beet gut zu Bohnen, ebenso zu Salat, Zwiebeln und Roten Beten.
SCHNITTLAUCH	Mehrjährig; aromatische Ernten von Frühjahr bis zum Herbst. Auch die Blüten sind schmackhaft.
OREGANO	Mehrjährig, immergrün; Ernte von Mai bis Oktober. Sehr aromatisch. Bevorzugt nährstoffarme Erde.
THYMIAN	Mehrjährig, immergrün; Ernte fast rund ums Jahr. Bevorzugt nährstoffarme Erde.
SALBEI	Mehrjährig, wintergrün; Ernte fast ganzjährig. Würz-, Tee- und Heilkraut mit schönen Blüten.

Aussaat und Pflanzung

Durch eine warme Anzucht können Sie vielen Pflanzen einen guten Wachstumsvorsprung verschaffen. Manche Gemüse und Kräuter lassen sich aber nur direkt ins Hochbeet säen.

SAATBÄNDER

Sie ersparen das Ausdünnen der Sämlinge. Solche Saatbänder gibt z. B. von Möhren, Salat, Radieschen, Roten Beten und Dill. Hier sind die Samen schon im optimalen Abstand zwischen Vliespapierstreifen eingeschlossen, die später verrotten. Diese Streifen können Sie einfach in beliebiger Länge zuschneiden, mit etwas Erde abdecken und dann gut angießen.

Man hört und liest immer wieder einmal, im Hochbeet könne bis zu sechs Wochen früher geerntet werden als im Bodenbeet. So etwas klappt aber höchstens unter einem Gewächshausaufsatz. Lassen Sie sich durch solche Verheißungen nicht zu unbedachten Aktionen verleiten. Die Pflanzen haben ihren eigenen Rhythmus und der lässt sich nicht beliebig beschleunigen.

FRÜHES SÄEN UND PFLANZEN

Sagenhafte Versprechen von sehr zeitigen Ernten gehen stets vom ersten Frühjahr nach einer frischen Hochbeetfüllung aus. Tatsächlich wird es dann von unten her gut warm. Zugleich werden kräftig Nährstoffe freigesetzt. Bereits gut entwickelte Jungpflanzen können das vertragen und nutzen. Doch für keimende Sämlinge ist das meist zu viel. Schließlich zieht man Gemüse normalerweise in nährstoffarmer Anzuchterde vor. Ausgesät wird deshalb besser etwas später, nachdem der erste „Nährstoffschub“ durch ist.

Einfacher ab dem zweiten Jahr

In den nächsten Jahren steigen die Temperaturen nicht mehr durch die Befüllung, sondern durch die Frühlingssonne, die die Hochbeetseiten erwärmt. Das kann man jetzt prima für zeitige Saaten nutzen – optimal unter einer Vliesabdeckung oder einem Frühbeetaufsatz. Aber auch dann sollte man sich ungefähr an die Angaben auf der Samentüte halten und nicht wesentlich früher säen, als dort empfohlen.

Vorziehen oder direkt säen?

Für die meisten Gemüse empfiehlt sich eine geschützte Anzucht, um sie dann als kräftige Jungpflanzen ins Hochbeet zu setzen. Kälteempfindliche Pflanzen wie Tomaten, Paprika und Basilikum müssen sowieso drinnen vorgezogen werden. Das Setzen

1

2

1. Unter einem Gewächshausaufsatz können draußen schon früh die ersten Salate heranwachsen.

2. Wärmebedürftige Pflanzen werden drinnen an einem hellen Fensterplatz vorgezogen, in Saatkisten, Töpfen und Mini-Gewächshäusern.

von Pflanzen erleichtert zudem das genaue Platzieren im Hochbeet. Direktsaaten dagegen müssen nach dem Aufgehen meist noch ausgedünnt werden. Das lässt sich bei manchen Arten wie Radieschen, Möhren, Rucola, Dill und Kerbel nicht vermeiden, weil die sich nur schlecht verpflanzen lassen oder sich ein Vorziehen nicht lohnt.

Tipps für die eigene Anzucht

Die Hauptanzuchtzeit liegt zwischen Februar und April. Dafür brauchen Sie einen warmen, hellen Platz, z. B. auf einer Fensterbank. Die Samen der meisten Arten keimen am besten zwischen 18 und 24 °C. Wichtige Ausnahmen sind Kopf-, Eis- und Pflücksalat, denen 10–16 °C genügen.
Gut eignen sich sogenannte Mini-Gewächshäuser mit flachen Anzuchtschalen und einer transparenten Abdeckhaube. Große Samen, z. B. von Zucchini oder Bohnen, werden besser einzeln oder zu wenigen in kleine Töpfe gesät. Für die Anzucht empfiehlt sich eine Aussaaterde, die nährstoffarm und keimfrei ist.
Sehr feine Samen und Lichtkeimer wie Kopfsalat, Sellerie, Basilikum und Bohnenkraut werden nur leicht angedrückt und höchstens dünn mit Erde überstreut, damit sie nicht so schnell austrocknen. Decken Sie andere Samen ein- bis zweimal so hoch ab, wie sie dick sind. Feuchten Sie die Saaten dann mit einem Wasserzerstäuber oder feinstrahliger Brause gut an.
Haben die Sämlinge ihre ersten richtigen Laubblätter entfaltet, wird es Zeit zum Pikieren: Sie kommen dann einzeln in kleine Töpfe mit Anzuchterde. So erhalten sie mehr Platz und werden angeregt, neue Wurzeln auszubilden.

Eine gut gelockerte, ebene und feinkrümelige Erdoberfläche fördert das Keimen und Sprießen der Saaten. Auch Jungpflanzen können hier schnell anwachsen und neue Wurzeln bilden.

SAAT UND PFLANZUNG INS BEET

Für das Vorbereiten des Hochbeetbodens und für spätere Pflegearbeiten eignen sich am besten Handgeräte mit kurzen Stielen, z. B. Handhacke, Handgrubber oder -kultivator, kleiner Sauzahn, Handgrabegabel mit drei breiten Zinken sowie ein Handrechen. Praktisch sind auch Pflanzkelle, Pflanzholz und ein Unkrautstecher.
Ist die Erdoberfläche etwas verdichtet, lockert man zuerst gründlich mit einer kleinen Grabegabel. Dann zieht man den Grubber oder Kultivator durch die Erde und ebnet die Oberfläche mit dem Rechen ein.

Aussaat direkt ins Beet

Lange Saatreihen können Sie mit einer aufgespannten Schnur markieren, um an dieser entlang die Saatrillen zu ziehen. Verteilen Sie die Samen möglichst gleichmäßig und nicht allzu dicht. Ziehen Sie dann von der Seite Erde über die Samen und drücken Sie diese an. Gießen Sie zum Schluss gründlich mit feiner Brause und halten Sie auch danach die Erde feucht.
Möhren, Pastinaken und Petersilie keimen erst nach 3 bis 4 Wochen. Streut man zusätzlich ein paar Radieschen- oder Kressesamen in die Rillen, zeigen diese bald mit grünen Blättchen an, wo die Reihen verlaufen.
Wenn Sie keine Saatbänder verwenden, müssen Sie die Sämlinge später auf den nötigen Abstand ausdünnen.

Setzlinge auspflanzen

Die meisten Pflanzen werden so tief gesetzt, dass der Wurzelhals, also die Verbindung zwischen Wurzel und Stängel, gerade eben unter den Boden kommt. Tomaten, Paprika, Bohnen und Erbsen können Sie etwas tiefer setzen, weil sie an der mit Erde bedeckten Sprossbasis zusätzliche Wurzeln entwickeln. Nach dem Einsetzen und Auffüllen der Erde wird diese rundherum etwas angedrückt und gründlich angegossen.

CLEVER SÄEN UND PFLANZEN

Einfache, aber praktische „Kniffe“ erleichtern das Säen und Pflanzen. Achten Sie darauf, dass alles Zubehör gut gesäubert ist, um Schaderregern vorzubeugen.

1.

Besonders beim Einsäen längerer Reihen ist eine aufgespannte Richtschnur sehr hilfreich. Ebenso das Markieren mit Stecketiketten, wenn man mehrere Reihen mit verschiedenen Arten sät.

2.

Recht trockene Erdballen werden vor dem Einpflanzen gut angefeuchtet. Nach dem Einsetzen drückt man rundum die Erde fest, füllt eventuelle „Senken“ nochmals auf und gießt dann gründlich.

3.

Mit so einem Dibbelbrett können Sie „auf einen Streich“ 20 Saatlöcher in gleichen Abständen und mit gleicher Tiefe in die Erde drücken. Das eignet sich z. B. gut für die Radieschenaussaat.

4.

Ob Aussaat oder Pflanzung: Gründliches Angießen ist unverzichtbar. Lassen Sie in der nächsten Zeit die Erdoberfläche nicht ganz austrocknen, vermeiden Sie aber unbedingt übermäßige Nässe.

VORZIEHEN, PIKIEREN, AUSPFLANZEN

Bei Pflanzen wie Paprika gehört zum Vorziehen üblicherweise das Pikieren. Zucchini, Kürbis und Gurke dagegen werden besser gleich in kleine Töpfe gesät.

1.
Füllen Sie so viel Erde in die Saatschale, dass oben ein Gießrand von rund 1 cm bleibt. Dünn abzudeckende Samen, wie hier die von Paprika, übersiebt man am besten mit feiner Erde.

2.
Drücken Sie die Saat mit einem Brett oder Aussaatstempel gleichmäßig an. Das ist umso wichtiger, je dünner die Samen abgedeckt wurden: Sie brauchen zum Keimen einen „innigen" Erdkontakt.

3.
Gießen Sie die Saat mit feinem Wasserstahl an, z. B. mit Ballbrause oder Zerstäuber. Die Samen keimen am besten unter einer Haube oder Glasscheibe, bei gleichbleibender Feuchtigkeit.

4.
Zeigen sich erste grüne Spitzen, nimmt man allmählich die Abdeckung ab. Haben sich die Sämlinge gut entwickelt, werden sie mit einem Pikierstab vorsichtig aus der Schale genommen.

5.

Das Pikieren empfiehlt sich besonders für Arten, die sich nach dem Keimen etwas ungleichmäßig entwickeln, wie z. B. auch Paprika und Chili. Wählen Sie dafür nur die kräftigsten Pflänzchen.

6.

Nach dem Andrücken wird die Erde gründlich durchfeuchtet. Dass die Pflanzen gut eingewurzelt sind, erkennt man bald am kräftigen Zuwachs. Dann kann man sie ein paar Grad kühler stellen.

7.

Wenn sich die Pflanzen ansehnlich entwickelt haben und die Zeit des Auspflanzens naht, kommen sie bei mildem Wetter tagsüber nach draußen: an einen geschützten, nicht direkt besonnten Platz. So sind sie schon etwas abgehärtet, bevor sie endgültig ins Freie umgesiedelt werden.

MUSTERBEETE

Mischkulturen von Gemüse und Kräutern fördern sich gegenseitig. Das gelingt am besten, wenn man ein wenig plant und die Zusammenstellung gezielt auswählt. Musterbeete zeigen Ihnen in diesem Kapitel, wie es einfach umzusetzen ist.

Pflanzpläne und Beetideen

Auf den folgenden Seiten finden Sie zahlreiche Musterbeete und Anregungen für das Bepflanzen von Hochbeeten: ganz nach Vorlieben und Geschmack und für unterschiedliche Bedürfnisse.

Die ersten Musterbeete bieten gleich Beispiele für den Anbau über mehrere Jahre nacheinander: für Fruchtfolgen mit wechselnder Bepflanzung. Denn Fruchtfolge und Fruchtwechsel sind gerade im Hochbeet sehr wichtig, um nachhaltig gute Ernten zu genießen. Sie werden auf den nächsten Seiten näher erläutert.

VON DER MISCHKULTUR ZUM INSEKTENTREFF

Sehr vorteilhaft sind Mischkulturen, bei denen verschiedene, gut verträgliche Arten auf demselben Beet wachsen – und sich teils sogar gegenseitig vor Schädlingen schützen. Alle Bepflanzungsbeispiele in diesem Buch setzen deshalb auf bewährte Kombinationen. An den Beispielen auf den Mischkulturseiten (S. 64–69) wird das Prinzip besonders deutlich.
Wer wenig Zeit fürs Gärtnern hat, kann bei „Pflegeleicht und ergiebig" Passendes finden (S. 70–73). Wer gern vom Frühjahr bis in den Winter hinein Frisches ernten möchte, kann Anregungen zur „Hochbeeternte rund ums Jahr" nutzen (S. 74–79). Nicht zuletzt schützen und fördern viele Hobbygärtner gern nützliche und für die Natur wichtige Insekten. Mit den Ideen zum „Insektentreff Hochbeet" können Sie Bienen, Schlupfwespen, Schmetterlinge, Marienkäfer & Co zum Verweilen im Garten einladen (S. 80–85).

PLÄNE AN BEETGRÖSSEN ANPASSEN

Die meisten Bepflanzungsbeispiele sind für Hochbeete mit 120 cm Breite und 180 cm Länge ausgelegt. Diese Breite hat sich auch für Bodenbeete bewährt, weil man so gut mehrere Reihen unterbringen und von beiden Seiten her erreichen kann. Wenn Ihr Hochbeet schmäler und/oder kürzer ist, sollten Sie die Zahl der Reihen bzw. Pflanzen entsprechend reduzieren. Werden stattdessen die empfohlenen Abstände deutlich verkleinert, können sich die Pflanzen nicht richtig entwickeln und die Ernte fällt mager aus. Bei zu engem Stand treten zudem häufiger Pilzkrankheiten auf.

Fruchtfolge und Fruchtwechsel

Eine gute Fruchtfolge nutzt optimal die Nährstoffvorräte im Hochbeet. Der Fruchtwechsel nach Pflanzenfamilien beugt ausdauernden Krankheiten und Schädlingen vor.

STARKZEHRER MIT PLATZBEDARF

Zucchini brauchen über einen halben Quadratmeter Platz, um sich gut zu entwickeln. Dafür genügt aber auch schon eine Pflanze, um den ganzen Sommer über reichlich Früchte zu ernten.

Schon vor Jahrhunderten erkannten Bauern die Vorteile der Dreifelderwirtschaft, bei der sich verschiedene Getreide und „Hackfrüchte" wie Rüben und Kartoffeln auf derselben Fläche abwechselten. So entstand das Prinzip der Fruchtfolge, das sich auch im Garten bewährt hat: als jährliche Aufeinanderfolge verschiedener Gemüsearten.

DIE FRUCHTFOLGE

Früher wurden die Gärten und Äcker hauptsächlich mit Stallmist gedüngt. Danach richtete sich dann die Fruchtfolge: Nach einer Mistdüngung pflanzte man Starkzehrer mit hohem Nährstoffbedarf, z. B. Kartoffeln. Im Jahr darauf gab der Boden noch genug her für Mittelzehrer wie Schwarzwurzeln und Lauch. Im dritten Jahr folgten genügsame Schwachzehrer wie Erbsen. Dann wurde erneut Mist ausgebracht, um im vierten Jahr wieder Starkzehrer zu pflanzen.
Dieses Grundprinzip gilt auch für Hochbeete mit schichtweiser Befüllung. Im ersten Jahr setzt die Rotteschicht unter der Pflanzerde kräftig Nährstoffe frei. Deshalb sollten hauptsächlich Starkzehrer gepflanzt werden, später gefolgt von Mittelzehrern und ab dem dritten Jahr von Schwachzehrern wie Buschbohnen.

Knifflige Starkzehrer

Durch die gute Nährstoffversorgung gedeihen die Starkzehrer im ersten Jahr prächtig – erst recht, wenn Mist eingebracht wurde. Allerdings gibt es, realistisch betrachtet, nur eine Handvoll Starkzehrer, die gut in fast jedes Hochbeet passen: Sellerie, Knollenfenchel, Kohl, niedrige Tomaten- und Paprikasorten sowie eventuell noch Kartoffeln. Andere wie Zucchini, Kürbis und Aubergine brauchen so viel Platz, dass sich ihr Anbau nur in sehr breiten, großen Hochbeeten lohnt. Stabtomaten, Paprika und Zuckermais wiederum werden oft so hoch, dass man sie besser in flache Kästen pflanzt. Das bedeutet praktisch: je nährstoffreicher die Befüllung, desto kleiner die Auswahl fürs erste Jahr.

WIE HOCH IST DER NÄHRSTOFFBEDARF?

STARKZEHRER	MITTELZEHRER	SCHWACHZEHRER
Weiß-, Rot- und Wirsingkohl	Kohlrabi	Buschbohne
Blumenkohl	Chinakohl	Erbse
Brokkoli	Pak Choi	Radieschen
Rosenkohl	Rettich	Mai- und Herbstrüben
Grünkohl	Möhre	Rucola
Tomate	Pastinake	Asia-Salate
Paprika	Schnittsellerie	Gartenkresse
Aubergine	Mangold	Pflück- und Schnittsalat
Zucchini	Rote Bete	Feldsalat
Gurke	Kopfsalate	Spinat
Kürbis	Endivie	Kerbel
Zuckermelone	Radicchio	Dill
Kartoffel	Zuckerhut	Gewürzfenchel
Süßkartoffel	Chicorée	Kamille
Knollensellerie	Schwarzwurzel	Bohnenkraut
Stangensellerie	Löwenzahn	Majoran
Knollenfenchel	Stangenbohne	Oregano
Zuckermais	Dicke Bohne	Salbei
	Lauch, Porree	Thymian
	Zwiebeln	Ysop
	Knoblauch	Schnittlauch
	Petersilie	Estragon
	Basilikum	
	Minze	
	Zitronenmelisse	

APPETITLICHE UND GEDEIHLICHE KOMBI

Nährstoffliebender Weißkohl in Begleitung von Möhren und tiefrotem Salat. Möhren und Salate zählen ebenso wie Zwiebeln zu den genügsameren Mittelzehrern.

1

TIPP

Ist die Hochbeeterde im ersten Jahr sehr nährstoffreich, können Sie die Pflanzstellen für Mittel- und Schwachzehrer etwas abmagern. Mischen Sie dafür Sand und/oder nährstoffarme Kräutererde unter, bis rund 30 cm Tiefe; für mediterrane Kräuter wie Bohnenkraut und Thymian am besten auch feinen Kies oder Schotter.

Zu viel des Guten

Die meisten Starkzehrer werden erst ab Mai gepflanzt. Die Zeit davor lässt sich eigentlich prima für Schwachzehrer wie Pflücksalat, Radieschen oder Feldsalat nutzen – allerdings nicht, wenn im Frühjahr so kräftig Nährstoffe aus der Rotteschicht „strömen" wie bei einer überreichen Düngung. Dann gehen die Saaten der Schwachzehrer oft nur sehr lückenhaft auf. Auch gute Mischkulturpartner für Tomaten, Kohl oder Sellerie kommen damit nicht immer zurecht, weil es sich meist um Mittel- oder Schwachzehrer handelt.

Stickstoff und Nitrat

Probleme bereitet vor allem der Stickstoff, der im Frühjahr aus der Rotteschicht freigesetzt wird. Der ist zwar ein hervorragender Wachstumsmotor für die Starkzehrer. Doch andere Pflanzen werden damit leicht überdüngt. So bildet z. B. Kopfsalat große, aber auch weiche Blätter, die anfälliger für Krankheiten und Schädlinge sind und eher fad schmecken. Möhren, Rüben und Zwiebeln werden durch den Nährstoffüberschuss teilweise matschig und unförmig.

2

3

Dazu kommt, dass die Pflanzen den Stickstoff hauptsächlich als Nitrat aufnehmen. So kann eine hohe Freisetzung aus der Hochbeeterde auch zu ungesunden Nitratgehalten im Erntegut führen. Vor allem Spinat, Salate und Rote Bete sind öfter mit Nitrat belastet, nicht selten aber auch Mangold, Rucola, Rettiche und Radieschen.

Alternative Möglichkeiten

Manche Hochbeetexperten empfehlen, über der unteren Dränageschicht aus Ästen und Zweigen einfach eine Mischung aus dem ausgehobenen Boden und reifem Kompost einzubringen – also auf eine „aktive" Rotteschicht zu verzichten. Obenauf kann dann noch gute Pflanzerde kommen. Dann hat man dieselbe tief reichende, fruchtbare Krume wie in einem langjährig bearbeiteten Gartenboden. Zusätzlich bietet das Hochbeet immer noch den großen Vorteil der wachstumsfördernden Wärme: Dafür sorgt schon die Frühlingssonne, die die Erde über die Hochbeetseiten viel schneller erwärmt als den Gartenboden. Das fördert gerade auch das wichtige Wurzelwachstum, das in 30–50 cm Bodentiefe nur langsam in Gang kommt.

1. Möhren mögen organischen Dünger, aber keinesfalls frischen Mist.

2. Zu viel Stickstoff führt zur Nitratbelastung von Roten Beten.

2. Herbstgemüse wie Endivien sollte zurückhaltend gedüngt werden.

DER FRUCHTWECHSEL

Schon bei der Fruchtfolge wechseln jährlich die Hauptkulturen. Das sind die Arten, die längere Zeit auf dem Beet bleiben und oft auch den meisten Platz beanspruchen. Der Fruchtwechsel im engeren Sinn fügt dem noch ein bewährtes Prinzip hinzu: Hier wechseln sich die Gemüse nach Pflanzenfamilien ab. Das beugt hartnäckigen Krankheiten und Schädlingen vor, die sich auf bestimmte Familien spezialisiert haben und im Boden oder an Pflanzenresten überdauern: z. B. die bei Kohl, Rettich und anderen Kreuzblütlern verbreitete Pilzkrankheit Kohlhernie oder die Minierfliege an Zwiebel- und Lauchgewächsen, die als Puppe in der Erde überwintert.

Manche Arten wachsen auch aufgrund spezieller Wurzelausscheidungen immer schlechter, wenn man sie mehrmals hintereinander anbaut. Als besonders selbstunverträglich gelten Erbsen, Petersilie und Majoran sowie die Kreuzblütler und Kürbisgewächse. Bei diesen empfehlen sich 4 bis 6 Jahre Anbaupause.

1. Für Zwiebeln empfiehlt sich ein jährlicher Platzwechsel.

2. Bohnen besser nicht nach Erbsen pflanzen.

3. Auch Tomaten und Paprika sollten Jahr für Jahr „rotieren".

1

Erbsen sollten frühestens nach 4 Jahren wieder an dieselbe Stelle gesät werden.

Hauptsache Abwechslung

Grundsätzlich hilft es schon viel, wenn man jedes Jahr die Hauptkulturen aus verschiedenen Familien wählt. Im Fruchtfolge-Beispiel 1 (S. 58–59) sind das im ersten Jahr Tomaten (Nachtschattengewächse); im zweiten Jahr Möhren (Doldenblütler) und Zwiebeln (Lauchgewächse); im dritten Jahr Buschbohnen (Schmetterlingsblütler) und Kopfsalat (Korbblütler). So ein Familienwechsel empfiehlt sich auch bei einer Kulturfolge, bei der innerhalb eines Jahres mehrere Arten nacheinander angebaut werden (siehe S. 74–78).

Gezielter Austausch

Die nebenstehende Übersicht hilft Ihnen, die Arten nach Familienzugehörigkeit auszuwählen. So können Sie auch passenden Ersatz finden, falls Ihnen eins der Gemüse in den Musterbeeten überhaupt nicht liegt. Wenn Ihnen z. B. das Mischkulturbeet 1 (S. 65) gefällt, allerdings der Wirsing nicht, bieten sich Kohlverwandte wie Kohlrabi und früher Brokkoli an. Oder Sie wählen stattdessen den Mangold, ein Gänsefußgewächs.

2

3

DIE WICHTIGSTEN PFLANZENFAMILIEN

FAMILIE	GEMÜSE, KRÄUTER, BLUMEN
Baldriangewächse	Feldsalat
Doldenblütler	Möhre, Pastinake, Sellerie, Fenchel, Petersilie, Dill, Kerbel
Gänsefußgewächse	Spinat, Mangold, Rote Bete, Gartenmelde
Korbblütler	Kopf-, Eis-, Batavia-, Römer-, Pflück- und Schnittsalat, Endivie, Radicchio, Zuckerhut, Chicorée, Schwarzwurzel, Löwenzahn, Kamille, Ringelblume, Tagetes (Studentenblume), Sonnenblume, Kornblume, Gänseblümchen
Kreuzblütler	Weiß-, Rot- und Wirsingkohl, Blumenkohl, Brokkoli, Rosenkohl, Grünkohl, Kohlrabi, Chinakohl, Pak Choi, Rettich, Radieschen, Mai- und Herbstrüben, Rucola, Asia-Salate, Gartenkresse
Kürbisgewächse	Zucchini, Gurke, Kürbis, Zuckermelone
Lauchgewächse	Lauch (Porree), Speisezwiebel, Schalotte, Frühlingszwiebel, Knoblauch, Schnittlauch, Bärlauch
Lippenblütler	Basilikum, Majoran, Bohnenkraut, Thymian, Oregano, Salbei, Ysop, Rosmarin, Lavendel, Minze, Zitronenmelisse
Nachtschattengewächse	Tomate, Paprika, Aubergine, Kartoffel
Portulakgewächse	Winterportulak (Winterpostelein), Sommerportulak
Schmetterlingsblütler	Buschbohne, Stangen- und Feuerbohne, Erbse
Süßgräser	Zuckermais
Windengewächse	Süßkartoffel (Batate)

BELIEBTE GEMÜSE UND KRÄUTER

Tomaten sind die absoluten Spitzenreiter, beim Kauf von Gemüse ebenso wie in den Nutzgärten. So stehen sie auch hier im ersten Jahr im Mittelpunkt und profitieren als Starkzehrer von der frischen Hochbeetbefüllung.

Höhere Stabtomaten passen besser in ein niedriges Hochbeet (siehe Mischkultur-Beispiel 2, S. 66). Hier wurden stattdessen kompakte, nur 60–80 cm hohe Busch- und Cherrytomaten gewählt.
Gut verträgliche Begleiter sind Kohlrabi. Diese werden am besten zeitlich versetzt gepflanzt: So gibt es vom Sommer bis zum Herbst etwas zu ernten. Für Thymian, Oregano und die anderen Kräuter empfiehlt sich das Einarbeiten von reichlich Sand am Pflanzplatz. Statt Kerbel können Sie auch mehrmals Rucola nachsäen.
Im zweiten Jahr folgen Mittelzehrer: hier Möhren und Zwiebeln in „klassischer" Mischkultur sowie Mangold. Im dritten Jahr braucht höchstens der Kopfsalat eine leichte organische Düngung, die Schwachzehrer kommen ohne aus.

PFLANZENLISTE

1. Cherrytomaten – 2 Pflanzen
2. Buschtomaten – 3 Pflanzen
3. Kohlrabi – 8 Pflanzen
4. Basilikum – 2 Pflanzen
5. Thymian – 1 Pflanze
6. Oregano – 1 Pflanze
7. Kerbel – 2 Pflanzen

HOCHBEETGRÖSSE

120 cm breit, 180 cm lang, 70–90 cm hoch

1. JAHR: BEPFLANZUNG

Niedrige Cherrytomaten, z. B. 'Gold Nugget'. Auspflanzen: gegen Mitte Mai. Pflanzabstand: 50 cm. Ernte: Juli bis Oktober

Buschtomaten, z. B. 'Rotkäppchen'. Auspflanzen: gegen Mitte Mai. Pflanzabstand: 50 cm. Ernte: Juli bis Oktober

Mittelfrühe Kohlrabi, z. B. 'Delikatess blauer'. Auspflanzen: Mitte April bis August, zeitlich gestaffelt. Pflanzabstand 25–30 cm. Ernte: je nach Pflanzzeit Juni bis Oktober

Basilikum. Auspflanzen: ab Mitte Mai. Pflanzabstand: 25 cm. Ernte: Juni bis September. Blütezeit: Juni bis September

Thymian, mehrjährig. Auspflanzen: ab April. Pflanzabstand: 25 cm. Ernte: fast ganzjährig. Blütezeit: Juni bis Juli

Oregano, mehrjährig. Auspflanzen: ab Mai. Pflanzabstand: 30 cm. Ernte: Mai bis Oktober. Blütezeit: Juli bis September

Kerbel. Aussaat oder Auspflanzen: März bis August, in Folgesaaten. Pflanzabstand 15 cm. Ernte: je nach Saatzeit Mai bis Oktober

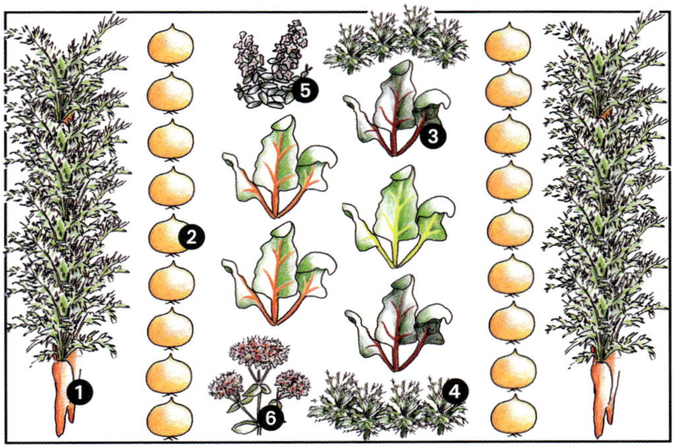

PFLANZENLISTE

1. Möhren – 2 Reihen
2. Zwiebeln – 2 Reihen
3. Mangold – 5 Pflanzen
4. Dill – 2 kleine Reihen
5. Thymian – 1 Pflanze
6. Oregano – 1 Pflanze

HOCHBEETGRÖSSE

120 cm breit, 180 cm lang, 70–90 cm hoch

2. JAHR: BEPFLANZUNG

Mittelfrühe Möhren. Aussaat: März bis Mai. Reihenabstand 30 cm, in der Reihe auf 4–8 cm ausdünnen. Ernte: je nach Saatzeit Juni bis September
Zwiebeln. Auspflanzen: März bis April. Pflanzabstand: rund 10 cm. Ernte: August bis September
Mangold (mit weißen, roten oder bunten Stielen). Aussaat oder Auspflanzen: April bis Juni. Pflanzabstand: 30 cm. Ernte: Juni bis Oktober
Dill (Blattdill). Aussaat: April bis August, in Folgesaaten. Samen flächig ausstreuen, später auf 10 cm ausdünnen. Ernte: je nach Saatzeit Juni bis Oktober
Thymian und Oregano, mehrjährig, siehe 1. Jahr

PFLANZENLISTE

1. Buschbohnen – 8 Pflanzen
2. Kopfsalat- 11 Pflanzen
3. Radieschen – 2 große, 2 kleine Reihen
4. Sommer-Bohnenkraut – 3 Pflanzen
5. Thymian – 1 Pflanze
6. Oregano – 1 Pflanze

HOCHBEETGRÖSSE

120 cm breit, 180 cm lang, 70–90 cm hoch

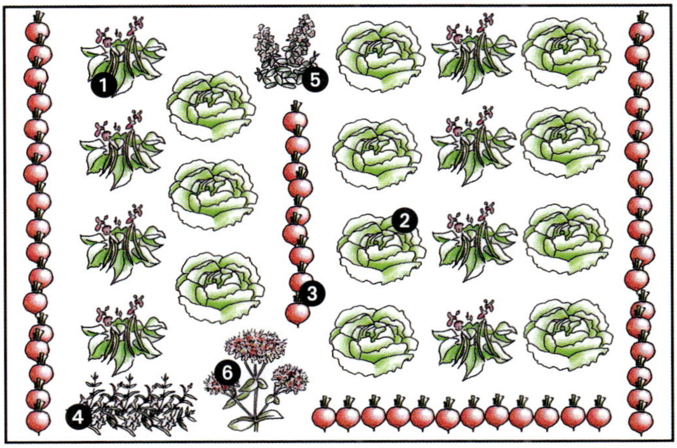

3. JAHR: BEPFLANZUNG

Buschbohnen. Aussaat oder Auspflanzen: Mitte Mai bis Juli. Pflanzabstand: 25–30 cm. Ernte: Mitte Juli bis Mitte Oktober
Kopfsalat. Aussaat oder Auspflanzen: März bis Juli, zeitlich gestaffelt. Pflanzabstand: 25–30 cm. Ernte: Mai bis Oktober
Radieschen. Aussaat: März bis Anfang September in Folgesaaten. Am einfachsten mit Saatbändern; andernfalls auf 5 cm Abstand in der Reihe ausdünnen. Ernte: März bis Oktober
Sommer-Bohnenkraut. Auspflanzen: ab Mai. Pflanzabstand: 25–30 cm. Ernte: Juni bis September
Thymian und Oregano, mehrjährig, siehe 1. Jahr

FÜR ANSPRUCHSVOLLE GENIESSER

Süßkartoffeln, Knollenfenchel, Winterrettiche, Schalotten und andere Spezialitäten: Das sind Gaumenfreuden, die man nicht in jedem Hochbeet sieht. Die Chilis, Süßkartoffeln, Rosmarin und Basilikum gedeihen in der Wärme des Hochbeets besser als in Bodenbeeten. Für den vielfältigen Anbau wurde ein großes Beet mit 2 m Länge gewählt.

Das Beet wird über der Dränageschicht am besten mit reifem Kompost befüllt, nicht mit Frischkompost. Dann gibt's im ersten Jahr auch keine Probleme mit den Roten Beten, Schalotten und Kräutern.
Die im zweiten Jahr gepflanzten Süßkartoffeln (Bataten) sind zwar Starkzehrer. Ihnen genügt aber eine Startgabe von Kompost und etwas Hornmehl oder organischem Flüssigdünger. Dasselbe gilt für den Knollenfenchel.
Die fürs dritte Jahr genannten Salatsorten können Sie mit leichter Abdeckung sogar überwintern und dann im Frühjahr ernten. Auf die leckeren frühen Erbsen können Spinat und Feldsalat als Nachkulturen folgen – und die späte Ernte der Winterrettiche ergänzen.

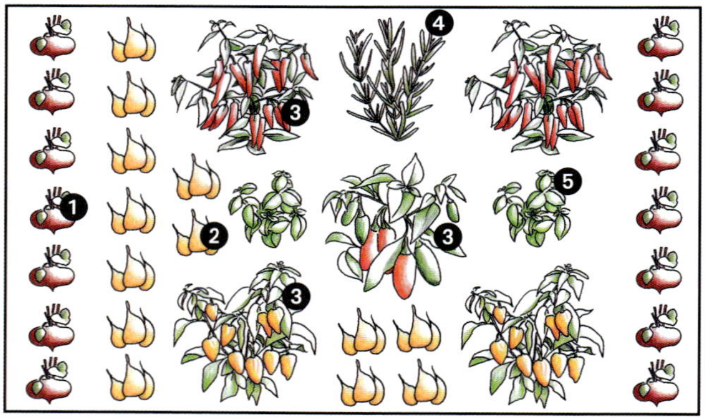

PFLANZENLISTE

1. Rote Bete – 2 Reihen
2. Schalotten – 13 Pflanzen
3. Chilis – 5 Pflanzen
4. Rosmarin – 1 Pflanze
5. Basilikum – 2 Pflanzen

HOCHBEETGRÖSSE

120 × 200 × 70–90 cm

1. JAHR: BEPFLANZUNG

Rote Bete. Aussaat: Mitte April bis Juni. Reihenabstand 25 cm, in der Reihe 10–15 cm. Ernte: Juli bis Oktober
Schalotten. Auspflanzen: März bis April. Reihenabstand 20 cm, in der Reihe 15 cm; Wuchshöhe 20–30 cm
Chilis, niedrige, 40–60 cm hohe Sorten. In diesem Pflanzplan zwei rote und zwei gelbe Chilis sowie eine 'Jalapeno', die schon grün geerntet werden kann und später rot wird. Auspflanzen: ab Mitte Mai. Pflanzabstand: 40–50 cm. Ernte: Juli bis November
Rosmarin, mehrjährig, winterharte Sorte, z. B. 'Arp'. Auspflanzen: ab Mai. Pflanzabstand: 40 cm. Ernte: bis Oktober, im zweiten Jahr ab April. Blütezeit: Mitte März bis Mai, teils bis August
Basilikum. Auspflanzen: ab Mitte Mai. Pflanzabstand: 25 cm. Ernte: Juni bis September. Blütezeit: Juni bis September

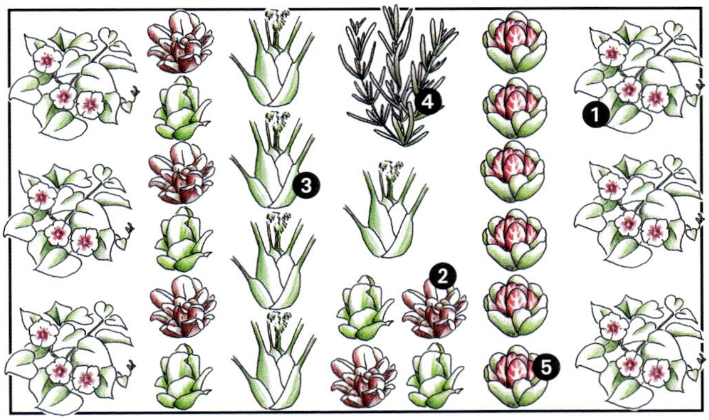

PFLANZENLISTE

1. Süßkartoffeln – 2 Reihen
2. Romanasalat – 10 Pflanzen
3. Knollenfechel – 5 Pflanzen
4. Rosmarin – 1 Pflanze
5. Radicchio – 1 Reihe

HOCHBEETGRÖSSE

120 × 200 × 70–90 cm

2. JAHR: BEPFLANZUNG

Süßkartoffeln *(Ipomoea batatas)*. Auspflanzen: Mitte Mai bis Juni. Pflanzabstand: 40–50 cm. Ernte: September bis Oktober
Romanasalat, „Mini-Sorten" für Salatherzen; rot, z. B. 'Ovired', und grün, z. B. 'Attico'. Auspflanzen: April bis August, zeitlich gestaffelt. Pflanzabstand: 20 cm. Ernte: Mai bis Oktober
Knollenfenchel, schossfeste Sorte (z. B. 'Selma', 'Fino'). Auspflanzen: Mitte Mai bis Juni. Pflanzabstand: 30 cm. Ernte: Juli bis September
Rosmarin, mehrjährig, siehe 1. Jahr
Radicchio. Auspflanzen: Juni bis Juli. Pflanzabstand: 30 × 20 cm. Ernte: Juli bis Oktober

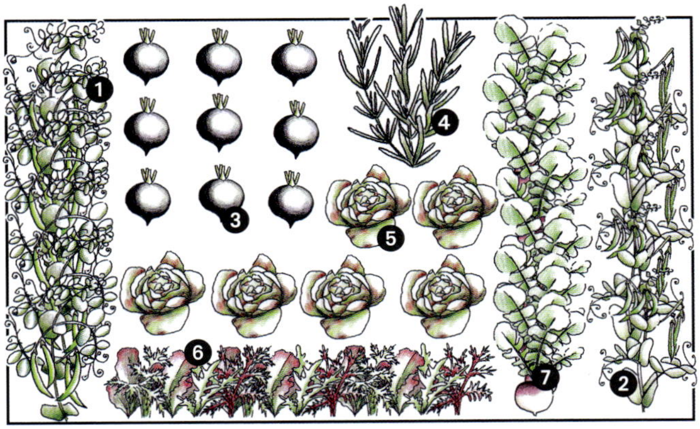

PFLANZENLISTE

1. Schalerbsen – 1 Reihe
2. Zuckererbsen – 1 Reihe
3. Rettiche – 9 Pflanzen
4. Rosmarin – 1 Pflanze
5. Kopfsalate – 6 Pflanzen
6. Asia-Salate – 1 Reihe
7. Mai- und Herbstrüben – 1 Reihe

HOCHBEETGRÖSSE

120 × 200 × 70–90 cm

3. JAHR: BEPFLANZUNG

Niedrige Schalerbsen, z. B. 'Kleine Rheinländerin'. Aussaat: März bis Mai. Reihenabstand 30 cm, in der Reihe 4–5 cm. Ernte: Juni bis August
Niedrige Zuckererbsen 'Norli'. Aussaat: Mitte März bis Juni. Abstände wie bei 1. Ernte: Juni bis Juli
Winterrettiche, z. B. 'Runder schwarzer Winter'. Aussaat: Juni bis August. Pflänzchen auf 20 cm Abstand ausdünnen. Ernte: August bis Dezember
Rosmarin, mehrjährig, siehe 1. Jahr
Kopfsalat, Sorten wie 'Merveille des quatre saisons' oder 'Brauner Trotzkopf'. Aussaat: Juni bis September oder Auspflanzen ab Juli bis September. Pflanzabstand: 25–30 cm. Ernte: September bis November, bei Überwinterung April bis Mai
Asia-Salat-Mischung. Aussaat: März bis August. Saatstreifen 20–25 cm breit. Ernte: Mai bis Oktober
Mairüben. Aussaat: Mitte März bis Juli, am besten zeitlich gestaffelt. Reihenabstand 25 cm, in der Reihe 5–10 cm. Ernte: Mitte Mai bis September

ZUVERLÄSSIGE ERNTEFREUDEN

Gemüse und Kräuter, die ohne großen Pflegeaufwand (fast) immer klappen: Darauf basiert die Fruchtfolge in diesem Beispiel.

Sind im ersten Jahr die Kartoffeln einmal gut eingewachsen, reicht gelegentliches Gießen sowie das Anhäufeln von Erde, um ein Vergrünen der Knollen zu vermeiden. Die ausdauernde, robuste Pfefferminze ist ein guter Mischkulturpartner für Kartoffeln, in den nächsten Jahren dann auch für Pak Choi und Kopfsalat. Sie sollte aber unbedingt mit einer Wurzelsperre gepflanzt werden, z. B. in einem Baueimer mit herausgetrenntem Boden, weil sie stark Ausläufer treibt. Pflücksalat und Spinat können mehrmals nachgesät oder z. B. durch Rucola und schnellwüchsige Asia-Salate abgelöst werden.

Im zweiten Jahr übernehmen deftige Dicke Bohnen in kompakten Sorten die Regie, mitsamt Bohnenkraut als passender Würze. Der mehrjährige „Gourmet-Löwenzahn" ist unkompliziert und bringt neue Salatvarianten in die Küche. Für flotte Ernten sorgt die Kresse, die sich z. B. mit Schnittsalat und Kerbel abwechseln kann.
Fürs dritte Jahr muss ein wenig nachgedüngt werden, damit der Mangold mehrmals reiche Ernten bringt und der späte Lauch den ganzen Winter über aromatische Stangen liefert.

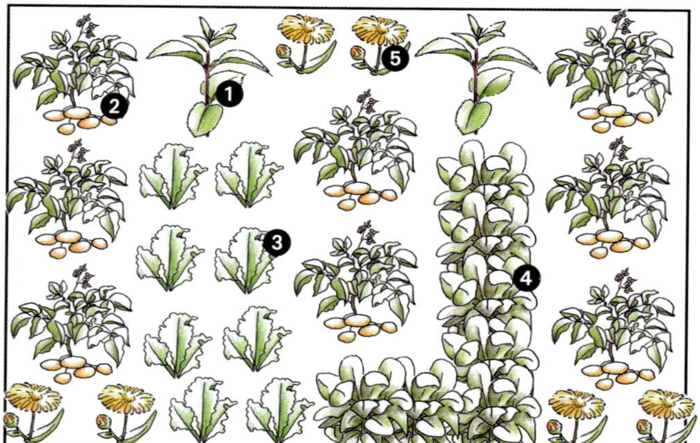

PFLANZENLISTE

1. Minze – 2 Pflanzen
2. Kartoffeln – 2 Reihen
3. Pflücksalat – 2 Reihen
4. Sommerspinat – 1 Saatband
5. Ringelblumen – 6 Pflanzen

HOCHBEETGRÖSSE

120 × 180 × 70–90 cm

1. JAHR: BEPFLANZUNG

Minze, mehrjährig. Auspflanzen: ab April. Pflanzabstand: 30–35 cm. Ernte: März bis September. Blütezeit: Juni bis September
Mittelfrühe Kartoffeln, z. B. leckere alte Sorten wie 'Blauer Schwede'. Auspflanzen: Mitte April bis Mai. Pflanzabstand: 30–40 cm. Ernte: ab August
Pflücksalat. Auspflanzen: März bis August. Pflanzabstand: 20–25 cm. Ernte: April bis Oktober
Schossfester Sommerspinat, z. B. 'Celesta', 'Emilia'. Aussaat: April bis Juli, in 25 cm breitem Saatstreifen oder als Saatband. Ernte: Mai bis September
Ringelblumen. Aussaat oder Auspflanzen: April bis Juni. Pflanzabstand: 20–25 cm. Blütezeit: Mai/ Juni bis Oktober

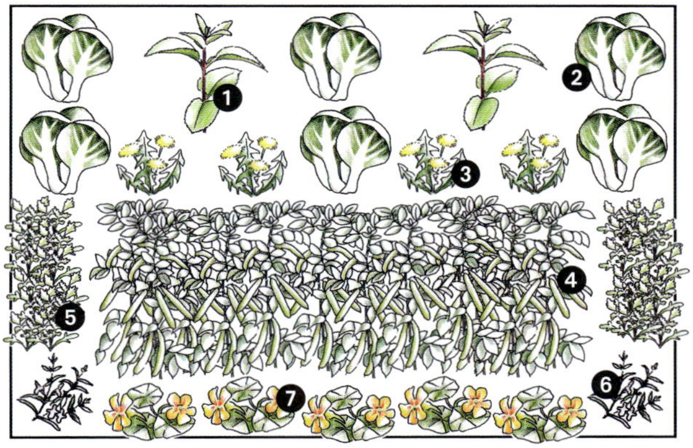

PFLANZENLISTE

1. Minze – 2 Pflanzen
2. Pak Choi – 6 Pflanzen
3. Kultur-Löwenzahn – 4 Pflanzen
4. Dicke Bohne – 1 Reihe
5. Gartenkresse – 2 Reihen
6. Sommer-Bohnenkraut – 2 Pflanzen
7. Kapuzinerkresse – 5 Pflanzen

HOCHBEETGRÖSSE

120 × 180 × 70–90 cm

2. JAHR: BEPFLANZUNG

Minze, mehrjährig, siehe 1. Jahr
Pak Choi. Auspflanzen: Juni bis Anfang September. Pflanzabstand: 25 cm. Ernte: Juli bis Oktober
Kultur-Löwenzahn, mehrjährig; z. B. 'Kultivierter Vollherziger', 'Lyonell'. Aussaat: April bis Mai. Abstand: 25 cm. Ernte: April bis Oktober. Blütezeit: Mai bis Anfang Oktober
Dicke Bohne, niedrige Sorte wie 'Karmesin' (rot blühend). Aussaat: Ende Februar bis April. Reihenabstand 50 cm, in der Reihe 10 cm. Ernte: Juni bis Anfang August
Gartenkresse. Aussaat: März bis Oktober, breitwürfig. Ernte: März bis Oktober
Sommer-Bohnenkraut. Auspflanzen: Ende April bis Mitte Juli. Pflanzabstand: 25 cm. Ernte: Juni bis September. Blütezeit: Juli bis Oktober
Kapuzinerkresse. Auspflanzen: ab Mitte Mai. Pflanzabstand: 20–30 cm. Blütezeit: Juli bis Oktober

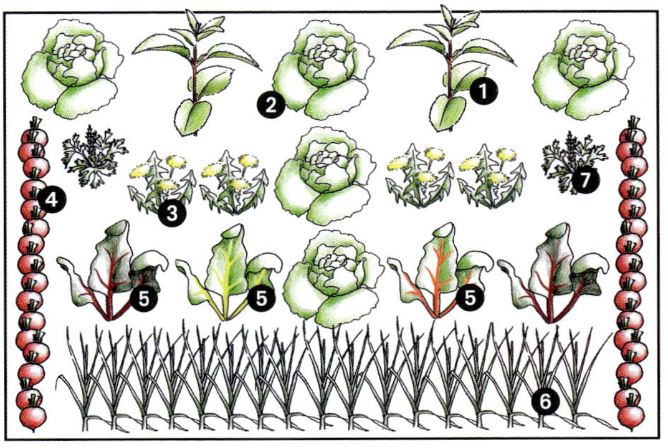

PFLANZENLISTE

1. Minze – 2 Pflanzen
2. Kopfsalat – 5 Pflanzen
3. Kultur-Löwenzahn – 4 Pflanzen
4. Radieschen – 2 kurze Reihen
5. Mangold – 4 Pflanzen
6. Winterlauch – 1 Reihe
7. Gartenkresse oder Blattkoriander – 2 Pflanzen

HOCHBEETGRÖSSE

120 × 180 × 70–90 cm

3. JAHR: BEPFLANZUNG

Minze, mehrjährig, siehe 1. Jahr
Robuster Kopfsalat, z. B. 'Dynamite'. Auspflanzen: April bis Juli. Pflanzabstand: 30 cm. Ernte: Mitte Mai bis Oktober
Kultur-Löwenzahn, mehrjährig, siehe 2. Jahr
Blattkoriander (Cilantro). Aussaat: April bis Juni. Abstand: 20–25 cm. Ernte: Juli bis Oktober
Radieschen. Aussaat: März bis Anfang September in Folgesaaten. Mit Saatbändern; andernfalls auf 5 cm Abstand in der Reihe ausdünnen. Ernte: März bis Oktober
Mangold (mit weißen, roten oder bunten Stielen). Aussaat oder Auspflanzen: April bis Juni. Pflanzabstand: 30 cm. Ernte: Juni bis Oktober
Winterlauch. Auspflanzen: Mitte Juni bis Anfang August. Reihenabstand 30–40 cm, in der Reihe 15 cm. Ernte: November bis März

Gesunde Mischkultur

Zusammen mit Fruchtfolge und Fruchtwechsel bieten Mischkulturen die besten Voraussetzungen für gute, nachhaltige Ernten. Dabei können sich die Pflanzennachbarn im Beet gegenseitig fördern.

Bei der Mischkultur baut man verschiedene Gemüse und Kräuter in abwechselnden Reihen an, beispielsweise Rote Bete neben Kohlrabi. Man kann auch innerhalb einer Reihe wechseln und z. B. Dill zwischen die Roten Bete säen. Das soll die Samenkeimung verbessern. Zwischen den Kohlrabipflanzen fördert Spinat deren Wachstum und bringt eine zusätzliche Ernte.

IN GUTER GESELLSCHAFT

Gute Platzausnutzung, gegenseitige Wachstumsförderung und Schutz vor Schädlingen: Passende Mischkulturen haben gleich mehrere Vorteile. Die wechselnde Bepflanzung macht es Schaderregern von vornherein schwerer, sich munter durchs ganze Hochbeet auszubreiten. Dazu kommt bei manchen Arten das Verwirren und Vertreiben durch Düfte sowie gasförmige Wurzelausscheidungen. So kann etwa der strenge Geruch von Tomaten und Sellerie Kohlweißlinge von den Kohlköpfen fernhalten. Möhren und Zwiebeln halten sich zum Teil gegenseitig die Möhren- und die Zwiebelfliege vom Leib.

Intensiv duftende Kräuter verwirren und vertreiben Schädlinge besonders gut, zwischen die Gemüse gepflanzt oder am Hochbeetrand. Dafür eignen sich auch mehrjährige Kräuter wie Thymian, Oregano und Salbei hervorragend.

Die Übersicht auf der hinteren Buchklappe zeigt, was nach Erfahrungen vieler Gärtner gut und weniger gut zueinander passt. Die Einflüsse auf das Pflanzenwachstum sind allerdings so vielfältig, dass man im eigenen Hochbeet vielleicht andere „Partnerbeziehungen“ beobachtet. Hier geht Probieren über Studieren. Als unverträglich geltende Partner führen auch nicht gleich zu großen Ernteverlusten. Deutliche Nachteile hat es allerdings, wenn z. B. Gurken- oder Kürbisranken mit ihren großen Blättern die Nachbarpflanzen überwuchern.

DEFTIGE KOHLGESELLSCHAFT

Kopfkohl braucht bis zu 60 cm Abstand. Doch frühe Sorten lassen sich deutlich enger setzen – erst recht, wenn sie spitze, recht schmale Köpfe haben, wie hier der Rotkohl. So kann man in diesem Hochbeet vier Kohl- und Salatreihen unterbringen.

Der eingestreute Blattkoriander hilft, Kohlweißlinge und manche Blattläuse zu vertreiben.
Wenn Sie den Wirsing und Rotkohl zeitig pflanzen und ernten, können Sie danach z. B. noch Spinat, Feldsalat und Winterportulak säen. Und vor dem Pflanzen der Endivie ist noch reichlich Zeit für Frühlings-Spinat und Feldsalat, ja sogar für Dicke Bohnen und frühen Lauch.

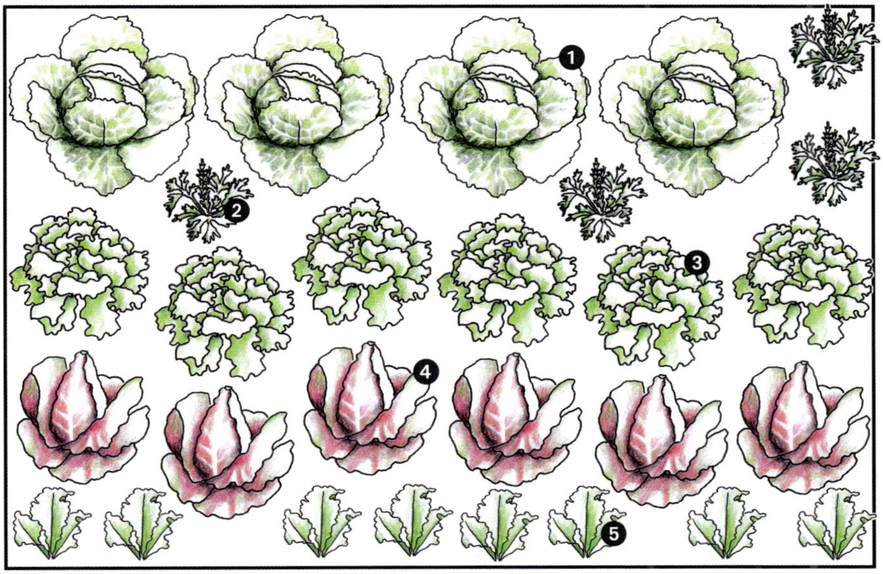

BEPFLANZUNG

Früher Wirsing, z. B. 'Vorbote'. Auspflanzen: Mitte März bis Mai. Pflanzabstand: 40 cm. Ernte: Mitte Mai bis August
Blattkoriander (Cilantro). Aussaat: April bis Juni. Abstand: 20–25 cm. Ernte: Juli bis Oktober
Endivie (schossfeste Sommersorte). Auspflanzen: Juni bis August. Pflanzabstand: 30 cm. Ernte: Juli bis September
Spitz-Rotkohl, z. B. 'Tinty'. Auspflanzen: April bis Juni. Pflanzabstand: 30 cm. Ernte: Juni bis November
Pflück- oder Schnittsalat. Aussaat oder Auspflanzen: März bis August, in Folgesätzen alle 4 bis 8 Wochen. Pflanzabstand: 20 cm. Ernte: April bis Oktober

PFLANZENLISTE

1. Wirsing – 1 Reihe
2. Blattkoriander – 4 Pflanzen
3. Endivie – 1 Reihe
4. Spitz-Rotkohl – 1 Reihe
5. Pflück- oder Schnittsalat – 1 Reihe

HOCHBEETGRÖSSE

120 × 180 × 70–90 cm

FRUCHTIGES VERGNÜGEN

Hier geht es hoch hinaus, mit den Stabtomaten bis zu 160 cm. Deshalb empfehlen sich für solche Gemüse, wie z. B. auch hohe Paprika und Zuckermais, niedrige Hochbeete. So bleibt für die Pflege und Ernte alles gut erreichbar.

Dafür kann man dann die Breite und Länge etwas größer wählen, weil hohe Pflanzen auch weite Abstände brauchen. Das Hochbeet wird über einer Dränageschicht einfach mit guter Pflanzerde befüllt. So können Sie vor dem Auspflanzen der Tomaten auch problemlos Radieschen, Rucola und andere schnellwüchsige Schwachzehrer säen.

Die Tomaten vertragen sich gut mit Lauch und Sellerie, hier mit grünen Stangen, die nicht gebleicht werden müssen (z. B. Sorten wie 'Tall Utah', 'Tango'). Basilikum passt nicht nur später wunderbar in den Tomatensalat: Es kann die Pflanzen im Beet auch vor Weißen Fliegen und Mehltau schützen.

BEPFLANZUNG

Stabtomaten (wahlweise auch Cherry- oder Fleischtomaten). Auspflanzen: gegen Mitte Mai. Pflanzabstand: 50 cm. Ernte: Juli bis Oktober

Sommerlauch, z. B. 'Hilari', 'Bavaria'. Auspflanzen: März bis April. Reihenabstand 30–40 cm, in der Reihe 15 cm. Ernte: Juli bis September

Basilikum. Auspflanzen: Mitte Mai bis Juni. Pflanzabstand: 25 cm. Ernte: Juni bis September. Blütezeit: Ende Juni bis September

Stangensellerie. Auspflanzen: Mitte April bis Mai. Pflanzabstand: 30 cm. Ernte: Juni bis Anfang Oktober

PFLANZENLISTE

1. Tomaten – 7 Pflanzen
2. Lauch – 1 Reihe
3. Basilikum – 2 Pflanzen
4. Stangensellerie – 4 Pflanzen

HOCHBEETGRÖSSE

140 × 200 × 40–50 cm

KNACKIGE GURKEN UND KNOLLEN

Rundbogen-Rankgerüste sind eine feine Sache, um Gurkenpflanzen im Hochbeet zu ziehen. Am besten eignen sich dafür sogenannte Mini-Salatgurken oder Snackgurken, die schon mit rund 10 cm Länge geerntet werden. Die Pflanzen wachsen auch nicht ganz so kräftig und langtriebig wie andere Gurken.

Ideale Begleiter, auch später in der Küche, sind Dill und Borretsch. Für ergiebige Ernten sorgen dann zwischen Juni und Oktober Rote Bete und Zwiebeln, die sich im Beet gut vertragen, ebenso mit Kohlrabi. Parallel zu den Rankgerüsten verlaufen die Reihen hier quer statt längs. Das reicht für Zwiebeln, die in der Reihe keine großen Abstände brauchen.

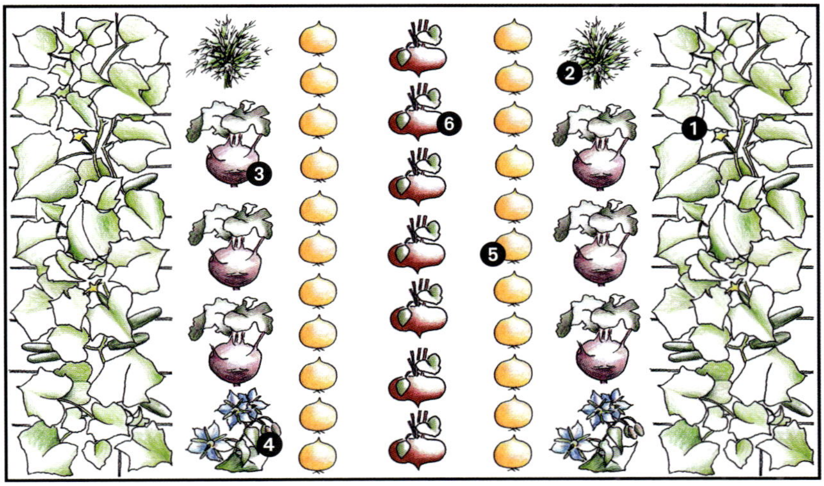

BEPFLANZUNG

Mini-Salatgurken an Rundbogen-Rankgerüsten. Auspflanzen: Mitte Mai bis Anfang Juni. Pflanzabstand: 40–60 cm breit. Ernte: Juli bis September. Unter den Rundbögen im Frühjahr Spinat, im Frühsommer Salat
Dill für die Blatternte. Auspflanzen: Mai bis Juli. Pflanzabstand: 20 cm. Ernte: Juni bis September. Blütezeit: Juli bis September
Kohlrabi. Auspflanzen: am besten je drei im Mai und drei im Juli, für zeitlich versetzte Ernte. Pflanzabstand: 25–30 cm. Ernte: Juni bis September
Borretsch. Auspflanzen: Mai bis Juni. Pflanzabstand: 20–25 cm. Ernte: Mai bis Oktober. Blütezeit: Mai bis September
Zwiebeln. Auspflanzen: März bis April. Reihenabstand 25 cm, in der Reihe 10 cm. Ernte: August bis September
Rote Bete. Aussaat: Mitte April bis Anfang Juli. Reihenabstand 25 cm, in der Reihe 10–15 cm. Ernte: Juli bis Oktober

PFLANZENLISTE

1. Mini-Salatgurken – 2 Pflanzen
2. Dill – 2 Pflanzen
3. Kohlrabi – 6 Pflanzen
4. Borretsch – 2 Pflanzen
5. Zwiebeln – 2 Reihen
6. Rote Bete – 1 Reihe

HOCHBEETGRÖSSE

120 × 200 × 70–90 cm

MÖHREN, KRÄUTER, ERDBEEREN

Mischkultur „alles paletti“: Die Möhren im Palettenhochbeet passen gut zu Radieschen und Eissalat, die Tagetes bieten etwas fürs Auge und vertreiben manche Schädlinge.

Statt ständig Radieschen nachzusäen, können Sie zwischendurch mit Schnittsalat, schossfestem Feldsalat, Spinat und Sommerportulak für Abwechslung sorgen: Die brauchen auch nur 4 bis 8 Wochen bis zur Ernte. Die äußeren Palettenfächer werden unten mit Brettern oder Vlies versehen, damit die Erde nicht herausrutscht. So bieten sie hervorragende Pflanzplätze für mehrjährige Kräuter und Hänge-Erdbeeren. Deren Ausläufer „baumeln“ bis 40 cm am Beetrand herab und tragen, je nach Sorte, meist monatelang leckere Früchte.

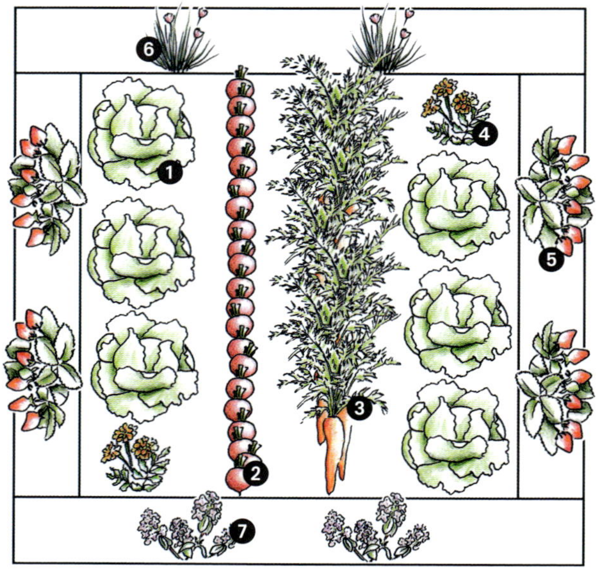

PFLANZENLISTE

1. Eissalat – 6 Pflanzen
2. Radieschen – 1 Reihe
3. Möhren – 1 Reihe
4. Tagetes – 2 Pflanzen
5. Hänge-Erdbeeren – 4 Pflanzen
6. Schnittlauch – 2 Pflanzen
7. Thymian – 2 Pflanzen

HOCHBEETGRÖSSE

120 × 150 × 80 cm

BEPFLANZUNG

Eissalat. Auspflanzen: April bis Juli. Pflanzabstand: 25–30 cm. Ernte: Ende Juni bis Oktober

Radieschen. Aussaat: März bis Anfang September in Folgesaaten. Mit Saatband; andernfalls auf 5 cm Abstand in der Reihe ausdünnen. Ernte: März bis Oktober

Mittelfrühe Möhren. Aussaat: März bis Mai. Reihenabstand 30 cm, in der Reihe auf 4 bis 8 cm ausdünnen. Ernte: je nach Saatzeit Juni bis September

Tagetes (Studentenblumen). Auspflanzen: ab Mitte Mai. Pflanzabstand: rund 20 cm. Blütezeit: Mai/Juni bis Oktober

Hänge-Erdbeeren, mehrjährig. Auspflanzen: März bis August. Pflanzabstand: 20–30 cm. Ernte: Juni bis Oktober

Schnittlauch, mehrjährig. Auspflanzen: April bis August. Pflanzabstand: 20–25 cm. Ernte: April bis Oktober. Blütezeit: Mai bis August

Thymian, mehrjährig. Auspflanzen: ab April. Pflanzabstand: 25 cm. Ernte: fast ganzjährig. Blütezeit: Juni bis Juli

Die Mischung macht's: Rote Bete harmonieren gut mit Zwiebeln und den meisten Salaten. Und die schmucken Tagetes dämmen Nematoden und Weiße Fliegen ein.

Pflegeleicht und ergiebig

Wer wenig Zeit hat, muss auf gute Hochbeeternten ebenso wenig verzichten wie auf attraktive Blumenzierden. Es gibt einige „Tricks" und Hilfsmittel, das mit wenig Aufwand hinzubekommen.

Ein Hochbeet mit Gemüse, Kräutern und Blumen macht zwar nicht allzu viel Arbeit. Aber was anfällt, muss ziemlich regelmäßig erledigt werden, allem voran das Gießen. Dazu kommen öfter Handgriffe wie Unkrautjäten, Hacken und Aufbinden höherer Pflanzen. Während der Hauptwachstumszeit gibt es alle 1 bis 2 Tage etwas zu tun. Das kann schwierig werden, wenn man beruflich oder familiär stark eingespannt ist. Andererseits hat auch nicht jeder Spaß daran, ständig in seinen Hochbeeten zu werkeln.

WENIG ZEIT, GUTE ERNTE

Kein Gemüse kommt ganz ohne Pflege aus. Aber man kann Arten wählen, die etwas anspruchsloser sind. Zwiebeln oder Mangold z. B. brauchen weniger regelmäßige „Zuwendung" als etwa Tomaten und Kohl. Vorteilhaft sind auch Gemüse wie Buschbohnen und Kartoffeln, die bald die Erdoberfläche bedecken. Das reduziert den Unkrautaufwuchs und die Verdunstung. Dem dient auch das Mulchen freier Zwischenräume (siehe S. 112–113). Mulchmaterial wie Rasenschnitt frischt zudem beim Verrotten den Nährstoffvorrat auf. Mit einer guten Hochbeetfüllung muss man ohnehin kaum nachdüngen. Ansonsten werden mittlerweile sogar Hochbeetlangzeitdünger auf organischer Basis angeboten. Schließlich können Sie sich auch das Gießen komplett sparen, wenn Sie ein automatisches Bewässerungssystem installieren (siehe S. 109).

So bleibt unterm Strich fast nur noch der Aufwand fürs Säen und Pflanzen – und für die Ernte. Die Pflanzen in den nachfolgenden Beetbeispielen haben nebenbei den Vorteil, dass man sie nach und nach über einen längeren Zeitraum ernten kann. Nur mit Radieschen, Erdbeeren sowie Zwiebeln, bei denen schon das gelbe Laub umknickt, sollten Sie nicht allzu lang warten.

KARTOFFELN MIT BLUMEN UND BOHNEN

Ein frisch befülltes Hochbeet wird am besten mit Starkzehrern bepflanzt. Das sind hier die Kartoffeln, die man bei Trockenheit nur alle paar Tage gießen muss. Sonst beschränkt sich die Pflege weitgehend auf das Anhäufeln, damit die Knollen oben nicht vergrünen.

Als „Abstandshalter“ zwischen den Kartoffelreihen werden Buschbohnen gepflanzt. Sie bedecken recht schnell die Erdoberfläche. Und sie hinterlassen einen mit Luftstickstoff angereicherten, unkrautarmen Boden.

Tagetes und Kapuzinerkresse an den Beeträndern sehen nicht nur gut aus, sondern schützen auch die Gemüse vor verschiedenen Schädlingen. So kann die Kapuzinerkresse z. B. Blattläuse von den Bohnen „abziehen“.

BEPFLANZUNG

Frühkartoffeln. Auspflanzen: April bis Mai. Reihenabstand 60 cm, in der Reihe 30–40 cm. Ernte: Juni bis Mitte Juli

Buschbohnen. Aussaat oder Auspflanzen: Mitte Mai bis Juli. Pflanzabstand: 25–30 cm. Ernte: Mitte Juli bis Mitte Oktober

Tagetes (Studentenblumen). Auspflanzen: ab Mitte Mai. Pflanzabstand: rund 20 cm. Blütezeit: Mai bis Juni bis Oktober

Kapuzinerkresse. Auspflanzen: Mitte Mai bis Juni. Pflanzabstand: 20–30 cm. Blütezeit: Juli bis Oktober

PFLANZENLISTE

1. Kartoffeln – 2 „geschwungene“ Reihen (Verbundpflanzung)
2. Buschbohnen – 7 Pflanzen
3. Tagetes – 10 Pflanzen
4. Kapuzinerkresse – 4 Pflanzen

HOCHBEETGRÖSSE

120 × 180 × 70–90 cm hoch

OPTIMALE PLATZNUTZUNG BEI MAXIMALER ERNTEVIELFALT

Zucchini beanspruchen sehr viel Platz. Doch gerade für ein pflegeleichtes Beet sind sie gut geeignet, weil sie mit ihren großen Blättern Wildwuchs unterdrücken. Und schon eine Pflanze genügt, um über Monate reichlich Früchte zu ernten. Essbar und lecker sind auch die hübschen gelben Blüten.

Der unkomplizierte Stielmangold liefert ebenfalls viele Wochen schmackhafte Ernten. Von den robusten Hänge-Erdbeeren gibt es ab Juni ständig etwas zu Naschen.

Arbeiten Sie an den Pflanzstellen für Salbei und Thymian Sand ein: Die mögen es eher nährstoffarm und trocken. Ansonsten sind sie noch anspruchsloser als Wilde Rauke und Schnittlauch.

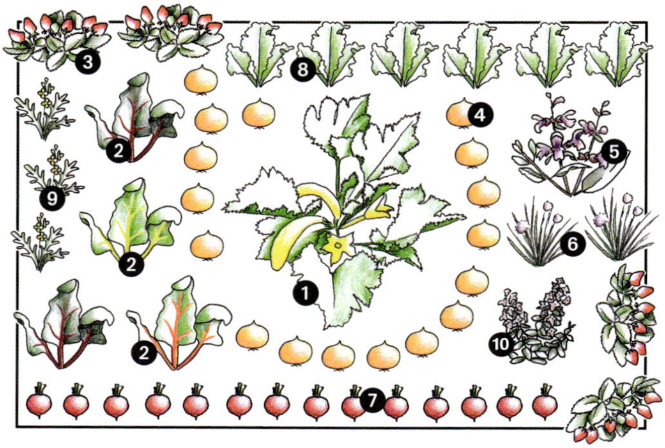

PFLANZENLISTE

1. Zucchini – 1 Pflanze
2. Mangold – 4 Pflanzen
3. Hänge-Erdbeeren – 4 Pflanzen
4. Zwiebeln – rund 16 Pflanzen
5. Salbei – 1 Pflanze
6. Schnittlauch – 2 Pflanzen
7. Radieschen – 1 Reihe
8. Pflücksalat – 1 kurze Reihe
9. Wilde Rauke – 3 Pflanzen
10. Thymian – 1 Pflanze

HOCHBEETGRÖSSE

120 × 180 × 70–90 cm

BEPFLANZUNG

Zucchini. Auspflanzen: ab Mitte Mai. Ernte: Juli bis Oktober
Mangold (mit weißen, roten oder bunten Stielen). Aussaat oder Auspflanzen: April bis Juni. Pflanzabstand: 30 cm. Ernte: Juni bis Oktober
Hänge-Erdbeeren, mehrjährig. Auspflanzen: März bis August. Pflanzabstand: 20–30 cm. Ernte: Juni bis Oktober
Zwiebeln. Auspflanzen: März bis April. Pflanzabstand: rund 10 cm. Ernte: August bis September
Salbei, mehrjährig. Auspflanzen: ab Ende April. Pflanzabstand: 30–40 cm. Ernte: April bis Oktober, auch über Winter. Blütezeit: Juni bis Juli
Schnittlauch, mehrjährig. Auspflanzen: April bis August. Pflanzabstand: 20–25 cm. Ernte: April bis Oktober. Blütezeit: Mai bis August
Thymian, mehrjährig. Auspflanzen: ab April. Pflanzabstand: 25 cm. Ernte: fast ganzjährig. Blütezeit: Juni bis Juli
Wilde Rauke, Stauden-Rucola *(Diplotaxis tenuifolia)*, mehrjährig. Aussaat oder Auspflanzen: ab April. Pflanzabstand: 20 cm. Ernte: Haupternte im Frühjahr/Frühsommer, bei Entfernen der Blütenstiele fast ganzjährig. Blütezeit: Juli bis September
Radieschen. Aussaat: März bis Anfang September in Folgesaaten. Mit Saatband; andernfalls auf 5 cm Abstand in der Reihe ausdünnen. Ernte: März bis Oktober
Pflücksalat, z. B. 'Lollo'- oder Eichblattsalate. Aussaat oder Auspflanzen: März bis Mitte August, in Folgesaaten. Pflanzabstand: 20–25 cm. Ernte: April bis Oktober

ESSBARER BLÜTENRAUSCH VON FRÜHLING BIS HERBST

Dieses Anlehnhochbeet kann an einer sonnigen bis halbschattigen Hauswand oder Mauer stehen. Die Blumen bieten nicht nur einen schönen Flor vom Frühling bis zum Herbst: Alle Blüten sind essbar, von manchen auch die jungen Blätter und Triebe.

Die Blüten eignen sich z. B. als leckere und dekorative Zutat für Salate, Kräuterquark und Suppen, teils auch für Süßspeisen und Smoothies. Dazu liefern die Monatserdbeeren, die keine Ausläufer bilden, bis in den Herbst hinein fruchtig Süßes. Die Blumen in diesem Beispiel sorgen durch munteres Versamen für ihren Fortbestand und verbreiten sich, wo und wie sie möchten. In einem kleinen Hochbeet ist allerdings sanftes Lenken ratsam, damit vermehrungsfreudige Arten die anderen nicht verdrängen. Besonders die Taubnessel muss etwas im Zaum gehalten werden, weil sie sich durch Ausläufer langsam, aber stetig ausbreitet.

PFLANZENLISTE

1. Ringelblumen – 4 Pflanzen
2. Gewürztagetes – 2 Pflanzen
3. Borretsch – 1 Pflanze
4. Taubnessel – 2 Pflanzen
5. Monatserdbeeren – 8 Pflanzen
6. Gänseblümchen – 4 Pflanzen
7. Hornveilchen – 4 Pflanzen

HOCHBEETGRÖSSE

60 × 120 × 70–90 cm hoch

BEPFLANZUNG

Ringelblumen. Aussaat oder Auspflanzen: April bis Juni. Pflanzabstand: 20–25 cm. Blütezeit: Mai/Juni bis Oktober

Gewürztagetes *(Tagetes tenuifolia)*. Aussaat ab Ende April, Auspflanzen ab Mitte Mai. Pflanzabstand: 20–25 cm. Blütezeit: Juni bis Oktober

Borretsch. Aussaat oder Auspflanzen: Mai bis Juni. Pflanzabstand: 20–25 cm. Ernte: Mai bis Oktober. Blütezeit: Mai bis September

Gefleckte Taubnessel *(Lamium maculatum)*, mehrjährig. Auspflanzen: am besten im Frühjahr. Pflanzabstand: 20–30 cm. Blütezeit: Mai bis Juni

Monatserdbeeren, z. B. 'Rügen', 'Alexandria', mehrjährig. Auspflanzen: am besten im Frühjahr. Pflanzabstand: 15–25 cm. Ernte: Mai/Juni bis Oktober

„Wilde" Gänseblümchen *(Bellis perennis)*, mehrjährig. Aussaat oder Auspflanzen: März bis Juli. Pflanzabstand: 15–20 cm. Blütezeit: März bis Oktober

Hornveilchen *(Viola cornuta)*, zwei- bis mehrjährig. Aussaat oder Auspflanzen: März bis April und Juni bis September, Pflanzung bis Oktober. Pflanzabstand: 15–20 cm. Blütezeit: März bis Juni und September bis November

Hochbeeternte rund ums Jahr

Vorkultur, Hauptkultur, Nachkultur: Mit so einer Abfolge können Sie Hochbeete vom Frühling bis zum Winter nutzen. Damit verlängern Sie die Gemüsesaison durch abwechslungsreiche Ernten.

1

Buschtomaten, Basilikum und Knollensellerie: Das ist eine feine Mischkultur. Alle drei werden allerdings erst gegen Mitte Mai gepflanzt. Und bis im Juli die ersten Tomaten reifen, gibt es im Frühsommer nur ein paar Basilikumblättchen zu ernten. Mit dem Knollensellerie muss man sich sogar bis zum Herbst gedulden. Immerhin dehnt sich damit die Erntezeit etwas aus. Bei diesem Tomaten-Beispiel wäre es schade, wenn das Hochbeet bis zur Bepflanzung im Mai leer steht. Dem lässt sich abhelfen.

ZEITLICH GUT GESTAFFELT

Frühjahrssaaten wie Radieschen, Pflück-, Schnittsalat und Frühjahrsspinat sind schnellwüchsig und können bis Mai schon die Hochbeete füllen. Auch für die Zeit nach der Haupternte von Tomaten & Co stehen einige kälteverträgliche Gemüse zur Verfügung, z. B. Feldsalat, Herbstspinat und Winterportulak.
Diese Spätgemüse kann man zudem bis ins Frühjahr stehen lassen und dann sogar mitten im Winter frisch genießen – sofern die Beetoberfläche nicht gerade gefroren ist. Wenn Sie Ihr Hochbeet mit einem Frühbeet- oder Gewächshausaufsatz ausstatten, können Sie tatsächlich das ganze Jahr über ernten. Weitere Kandidaten für die Winterernte sind Barbarakraut (Winterkresse) und Löffelkraut. Nicht zu vergessen Rosenkohl und Grünkohl: Die brauchen zwar recht viel Platz, können aber gut z. B. nach der Ernte von Frühkartoffeln, frühen Möhren und Lauch gepflanzt werden.
Von vielen Gemüsearten werden frühe, mittelfrühe bzw. mittelspäte und späte Sorten angeboten, so etwa von Möhren, Lauch, Kopfsalat, Kohlrabi, Kopfkohl und Rettichen. Damit lässt sich auch die Ernte dieser beliebten Gemüse von April/Mai bis Oktober/November staffeln.

FRUCHTWECHSEL UND WINTERVORSORGE

Damit ein Daueranbau gelingt, sollte man auch innerhalb des Jahres auf einen gesunden Fruchtwechsel achten. Ungünstig wären z. B. Radieschen als

Vorkultur, Weißkohl als Hauptkultur und Winterrettiche als Nachkultur. Alle gehören zur Familie der Kreuzblütler, auf die sich verschiedene Pilzkrankheiten und Schädlinge spezialisiert haben. Soll der Kohl die Hauptkultur bleiben, bieten sich beispielsweise als Vorkultur Spinat oder Pflücksalat an und als Nachkultur Feldsalat oder Winterportulak: Die stammen alle aus verschiedenen Familien.

Frostige Zeiten

Hochbeete erwärmen sich im Frühling viel schneller als der Gartenboden – allerdings kühlen sie etwa ab Ende Oktober auch stärker aus. Das kann in kalten Wintern für das Spätgemüse kritisch werden. Frühbeetaufsätze bieten meist schon ausreichenden Schutz. Aber starke Kälte dringt auch über die Seitenwände ein. In langen Frostperioden kann es deshalb nichts schaden, die Hochbeetwände vorübergehend von außen zu isolieren, z. B. mit Kokos-, Stroh- oder Schilfmatten. Besonders empfiehlt sich das für Metallhochbeete, sofern diese nicht mit einer Innenisolierung versehen wurden.

2

1. Grünkohl und später Weißkohl liefern gesunde, deftige Kost für Herbst und Winter.

2. Mit Sommer-, Herbst- und Wintersorten können Sie Lauch ab Juli bis ins nächste Frühjahr hinein ernten.

ABWECHSLUNGSREICHES ERNTEVERGNÜGEN

Hier ein Beispiel für eine Kulturfolge vom Frühjahr bis zum Winter (S. 78). Am besten erstellt man vorher einen kleinen Zeitplan, damit das „Timing" beim Säen und Pflanzen hinhaut. Hilfreich ist das Markieren der vorgesehenen Reihen, z. B. mit Schnüren, damit für die später gesäten und gepflanzten Arten genug Platz bleibt.

FRÜHJAHR

Ungeduldige können schon gegen Mitte/Ende Februar mit Radieschen, Spinat und Pflücksalat loslegen – am sichersten unter einem Frühbeetaufsatz oder auch unter einem Gartenvlies. Weil diese drei Gemüse in Folgesaaten gesät werden, sind sie im Beetplan in unterschiedlichen Größen dargestellt: die ganz frühen Saaten bereits gut entwickelt und fast erntereif.
Als Hauptkultur bleiben die Zwiebeln bis September im Hochbeet. Sie kommen an die Beetseiten, damit sie ungestört wachsen können, wenn die Beetmitte ab April neu bepflanzt wird.

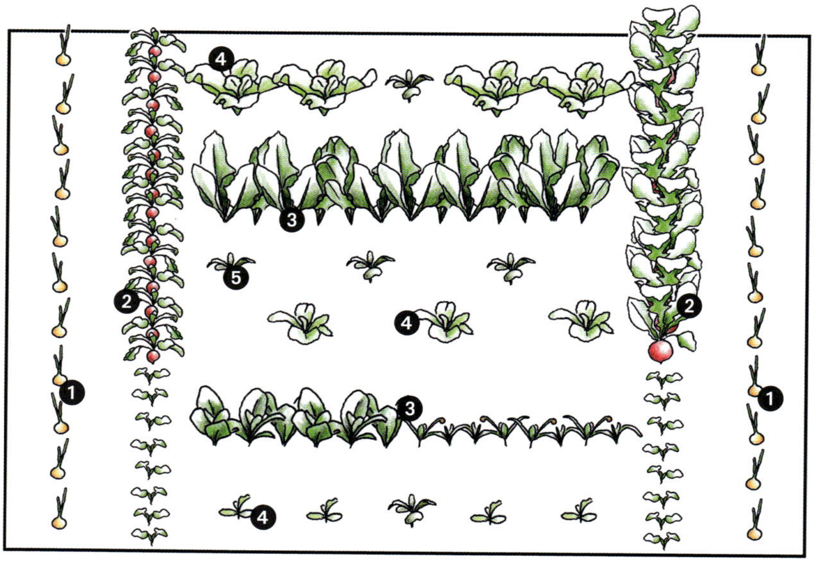

BEPFLANZUNG

Zwiebeln. Auspflanzen: März bis April. Pflanzabstand: rund 10 cm. Ernte: August bis September
Radieschen. Aussaat: Februar bis März. Am einfachsten mit Saatbändern; andernfalls auf 5 cm Abstand in der Reihe ausdünnen. Ernte: April bis Mai
Spinat. Aussaat: Februar bis März. Am einfachsten mit Saatbändern. Ernte: April bis Mai
Pflücksalat. Aussaat oder Auspflanzen: Februar bis März. Pflanzabstand: 20–25 cm. Ernte: April bis Mai
Rucola. Aussaat: Mitte März. In „Grüppchen" mit 15–20 cm Abstand. Ernte: Mai

PFLANZENLISTE

1. Zwiebeln – 2 Reihen
2. Radieschen – 2 Reihen
3. Spinat – 2 Reihen
4. Pflücksalat – 2 Reihen
5. Rucola – 1 Reihe

HOCHBEETGRÖSSE

120 × 180 × 70–90 cm

SPÄTFRÜHLING UND FRÜHSOMMER

Direkt neben den Zwiebeln können als erstes die Pastinaken gesät werden. Kommt auch der Mangold schon im April an die Reihe, lassen sich die Buschbohnen ab Mitte Mai leicht nachpflanzen. Zwischensaaten, z. B. von Kerbel, füllen die Lücken und werden bereits nach wenigen Wochen geerntet.

Wer sich mit den Pastinaken nicht so recht anfreunden will, kann sie durch Möhren ersetzen. Oder auch durch Knollen-, Stangensellerie und Knollenfenchel, von denen jeweils vier Pflanzen in die Reihe passen. Geeignete Alternativen zum Mangold wären z. B. Eissalat, Rote Bete oder Kohlrabi.

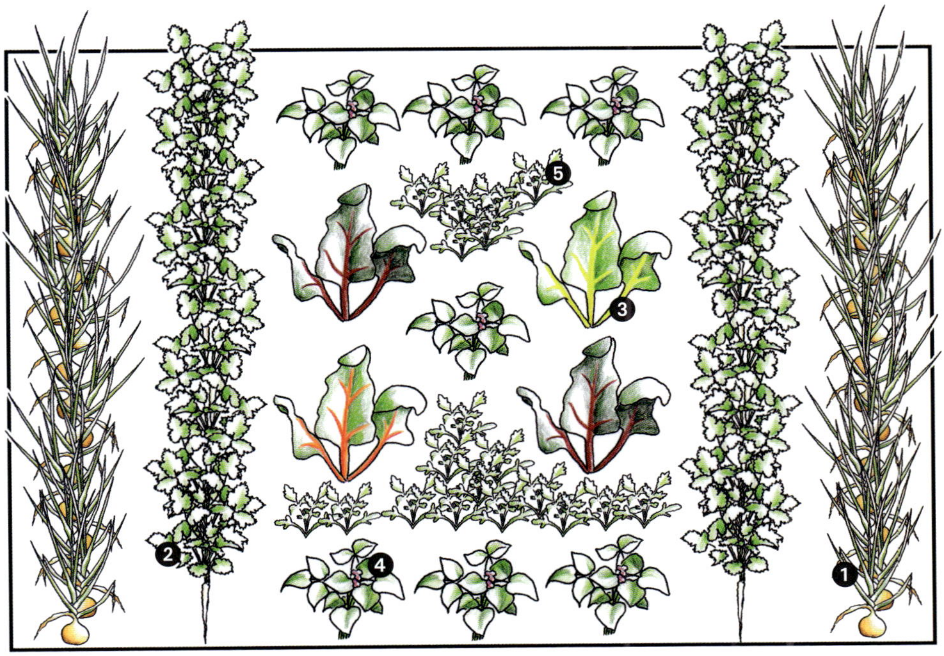

BEPFLANZUNG

Zwiebeln (siehe Frühjahr)
Pastinaken. Aussaat: April bis Anfang Juni. Reihenabstand 30 cm, in der Reihe 10 cm. Ernte: ab Mitte September bis zum nächsten Februar
Mangold. Aussaat oder Auspflanzen: April bis Mai. Pflanzabstand: 30 cm. Ernte: Juni bis September
Buschbohnen. Aussaat oder Auspflanzen: Mitte Mai bis Juli. Pflanzabstand: 25–30 cm. Ernte: Mitte Juli bis Mitte Oktober
Schnellwüchsige Zwischensaaten wie Kerbel, Gartenkresse und Radieschen

PFLANZENLISTE

1. Zwiebeln – 2 Reihe
2. Pastinaken – 2 Reihe
3. Mangold – 4 Pflanzen
4. Buschbohnen – 7 Pflanzen
5. Schnellwüchsige Zwischensaaten

HOCHBEETGRÖSSE

120 × 180 × 70–90 cm

HERBST UND WINTER

Die Pastinaken kann man im Herbst komplett ernten, für kleinere Mahlzeiten aber auch über Winter nach und nach aus der Erde ziehen. Ebenso lassen sich Feldsalat, Winterportulak und Barbarakraut während der gesamten kalten Jahreszeit nutzen. Nur der Pak Choi, der hier nach den Buschbohnen besonders gut gedeiht, sollte vor den ersten stärkeren Frösten geerntet werden. Mit den Winterkopfsalaten wurde eine alte Tradition wiederentdeckt: das Auspflanzen im Spätjahr für eine zeitige Frühjahrsernte. Für alle überwinternden Arten empfiehlt sich ein schützender Beetaufsatz oder zumindest eine gute Vliesabdeckung.

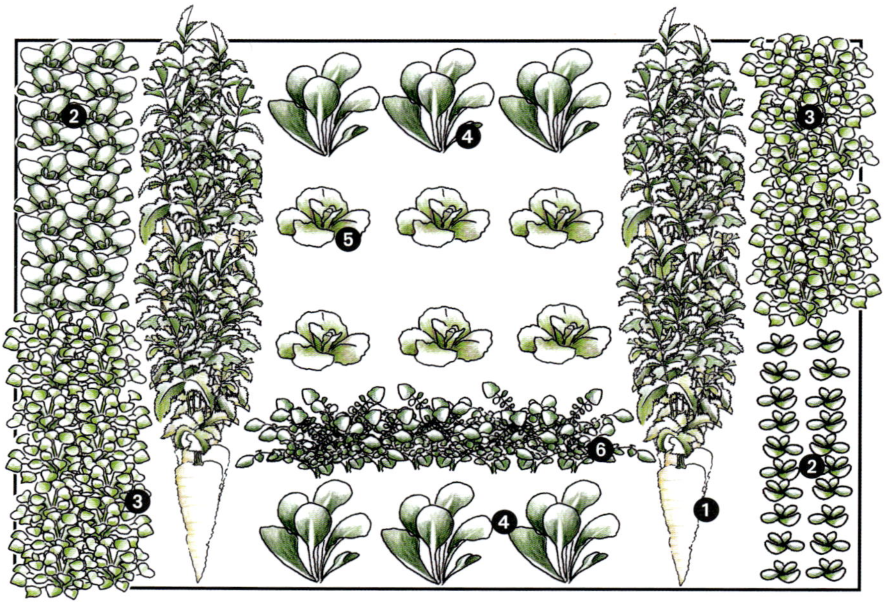

BEPFLANZUNG

Pastinaken (siehe Spätfrühling, S. 77)
Feldsalat. Aussaat: August bis Mitte September. Mit je zwei bis drei Saatbändern oder breitwürfig ausstreuen. Ernte: ab Mitte September bis zum nächsten März
Winterportulak. Aussaat: August bis Mitte Oktober. In zwei Reihen mit 15 cm Abstand oder breitwürfig ausstreuen. Ernte: ab Mitte Oktober bis zum nächsten März
Pak Choi. Auspflanzen: August bis Anfang September. Pflanzabstand: 25 cm. Ernte: September bis Oktober
Winterkopfsalat, Sorten wie 'Humil', 'Merveille des quatre saisons' und 'Waldor'. Auspflanzen: August bis September. Pflanzabstand: 25–30 cm. Ernte: ab nächsten April bis Mai
Barbarakraut (Winterkresse). Aussaat: August bis Mitte Oktober. Reihenabstand 20 cm, in der Reihe 8–10 cm. Ernte: Oktober bis zum nächsten März

PFLANZENLISTE

1. Pastinaken – 2 Reihen
2. Feldsalat – 2 halbe Reihen
3. Winterportulak – 2 halbe Reihen
4. Pak Choi – 6 Pflanzen
5. Winterkopfsalat – 6 Pflanzen
6. Barbarakraut – Saatstreifen

HOCHBEETGRÖSSE

120 × 180 × 70–90 cm

MEHRJÄHRIGE GEMÜSE-KOMBI

Früher häufig angebaute, aber dann fast vergessene Gemüse wurden in den letzten Jahren von vielen neu entdeckt. Darunter gibt es eine ganze Reihe von mehrjährigen Arten – die sich wesentlich besser fürs Hochbeet eignen als bekannte Mehrjährige wie Spargel und Rhabarber.

Gemüse mit „exotischen“ Namen wie Winterheckenzwiebel und Hirschhornwegerich fand man früher höchstens in Raritätengärtnereien. Mittlerweile werden sie auch von bekannten Gartenversendern angeboten. Ihr Anbau ist ebenso spannend wie ihr Genuss und in der Regel recht unkompliziert. Löffelkraut und Hirschhornwegerich sind nur zweijährig und wintergrün, die anderen bringen 4 bis 5 Jahre lang gute Ernten.

Besondere Leckerbissen in diesem Beet sind die leicht nussig schmeckenden, perlschnurartigen Knöllchen des Knollenziest. Sie galten früher in Frankreich als Gourmet-Gemüse. Aus Frankreich stammt auch die Erdbeere ‘Mara de Bois’ mit köstlichem Waldbeerenaroma. Sie bildet kaum Ausläufer und passt dadurch auch sehr gut in Hochbeete.

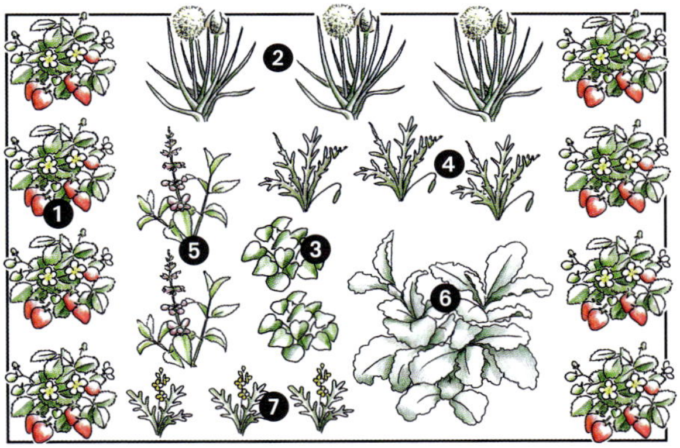

PFLANZENLISTE

1. Erdbeeren – 6 Pflanzen
2. Winterheckenzwiebeln – 3 Pflanzen
3. Löffelkraut – 2 Pflanzen
4. Hirschhornwegerich – 3 Pflanzen
5. Knollenziest – 2 Pflanzen
6. Ewiger Kohl – 1 Pflanze
7. Wilde Rauke – 3 Pflanzen

HOCHBEETGRÖSSE

120 × 180 × 70–90 cm hoch

BEPFLANZUNG

Erdbeeren, mehrmals tragende Sorten wie ‘Mara de Bois’. Auspflanzen: März bis August. Pflanzabstand: 30 cm. Ernte: Juni bis Oktober
Winterheckenzwiebeln *(Allium fistulosum).* Auspflanzen: März bis April oder September bis Anfang Oktober. Pflanzabstand: 25–30 cm. Ernte: Ende März bis Oktober
Löffelkraut *(Cochlearia officinalis).* Aussaat: März bis April oder August bis Mitte September. Reihenabstand 25 cm, in der Reihe auf 15–20 cm Abstand ausdünnen. Ernte: ab Oktober oder dem folgenden März. Blütezeit: Mai bis Juni
Hirschhornwegerich *(Plantago coronopus).* Aussaat: März bis August oder Auspflanzen von März bis September. Pflanzabstand: 25 cm. Ernte: ab dem folgenden Juni bis Mitte November
Knollenziest *(Stachys affinis).* Auspflanzen: März bis April. Pflanzabstand: 30–40 cm. Ernte: Oktober bis zum nächsten Januar. Blütezeit: Juli bis August
Ewiger Kohl, Staudenkohl (*Brassica oleracea* var. *ramosa*). Auspflanzen: März bis Mai. Pflanzabstand: 60 cm. Ernte: ganzjährig
Wilde Rauke, Stauden-Rucola *(Diplotaxis tenuifolia).* Aussaat oder Auspflanzen: ab April. Pflanzabstand: 20 cm. Ernte: Haupternte im Frühjahr/Frühsommer, bei Entfernen der Blütenstiele fast ganzjährig. Blütezeit: Juli bis September

Insektentreff Hochbeet

Hübsche Stauden mit Wildblumenflair bieten einen charmanten Anblick. Man kann so eine Bepflanzung aber auch gezielt zusammenstellen, um die heimische Insektenwelt zu unterstützen.

Bienen, Hummeln & Co brauchen zwar nicht unbedingt das Niveau eines Hochbeets. Aber für uns ist das nicht nur einfacher zu bepflanzen und zu pflegen: Die Pflanzengesellschaft fällt auch besonders schön ins Auge. Das lohnt sich, weil die Beetbeispiele auf den nächsten Seiten so zusammengestellt wurden, dass sich vom Frühling bis zum Spätherbst immer wieder neue Blüten öffnen. Vor allem aber soll das den Insekten helfen, Monat für Monat ein passendes Angebot zu finden.

BELIEBT UND GEFÜRCHTET

Beim Stichwort „Insekten" denken viele Gärtner zuerst an Blattläuse, Weiße Fliegen und ähnliche Plagegeister. Die meisten wissen aber auch Bienen und Hummeln als wichtige Bestäuber zu schätzen. Und die blattlausvertilgenden Marienkäfer gehören seit jeher zu den besonderen Gärtner-Lieblingen. Geschätzt werden auch die Florfliegen, deren Larven ebenfalls fleißig Blattläuse fressen.
Schlupfwespen und Schwebfliegen sind ebenso wichtige Nützlinge, aber im Aussehen weniger vertraut, weil sie teils an Wespen erinnern. Die wiederum werden vor allem wegen ihrer Stiche gefürchtet. Dabei sind die allermeisten Wespenarten harmlos, gute Bestäuber und teils auch Schädlingsjäger. Die in den Gärten immer häufiger aufgestellten Insektenhotels enthalten deshalb oft auch Angebote für Einsiedlerwespen und Wildbienen: beispielsweise Schilfrohrbündel und gelochte Holzblöcke. Denn es hat sich herumgesprochen, dass viele dieser Arten vom Aussterben bedroht sind, wie leider mittlerweile etliche andere Insekten.
Auch Schmetterlinge wecken „gemischte Gefühle". Einerseits können die Raupen von Kohlweißlingen, Eulenfaltern und Lauchmotten komplette Ernten vermiesen. Andererseits macht es viel Freude, schöne Schmetterlinge im Garten zu beobachten, so etwa Admiral, Tagpfauenauge, Kleiner Fuchs, Landkärtchen und Schachbrettfalter. Die Raupen solcher Falter gefährden auch keine Gemüse oder Kräuter: Sie sind meist auf bestimmte Pflanzenarten spezialisiert – viele von ihnen z. B. auf die Große Brennnessel.

AM BEETRAND ODER SEPARAT?

Gerade Bienen, Hummeln, Schwebfliegen, Schlupfwespen und manche Schmetterlinge lassen sich durch die Nähe von Menschen wenig stören. Deshalb nutzen sie auch gern Blumen, die an die Ränder von Gemüsehochbeeten gepflanzt werden. Dafür revanchieren sich vor allem Bienen und Hummeln durch das Bestäuben von Fruchtgemüse und Obst.
Ein Hochbeet, das hauptsächlich den Insekten helfen soll, steht dagegen besser in einer ruhigen, nicht

1

TIPP

Schneiden Sie die verwelkten Samenstände der Stauden am besten erst im nächsten Frühjahr zurück: Darin überwintern nicht selten winzige Insekten.

1. Das Landkärtchen, ein Tagfalter, lebt in Wäldern, besucht aber auch „einladende" Gärten.

2. Borretsch wirkt mit seinem süßen Nektarduft sehr anziehend.

3. Hummeln nutzen gern die späte Blüte der Besenheide.

2

3

allzu oft betretenen Gartenecke und nicht unbedingt direkt an einer Terrasse. Denn andererseits sind auch nicht alle Insektenbesucher harmlos. In heißen Sommern können z. B. massenhaft Kriebelmücken auftreten, deren schmerzhafte Stiche oft eine Quaddelbildung auf der Haut zur Folge haben.

Gut zugänglicher Nektar

Die meisten Insekten besuchen die Blüten, um sich vom Nektar zu ernähren und verbreiten dabei die für die Bestäubung der Pflanzen so wichtigen Pollen. Das klappt im Allgemeinen nur, wenn die Blüten einfach und ungefüllt sind. Bei Ringelblumen und Tagetes z. B. werden auch halbgefüllte Sorten angenommen, solange die Staubblätter noch zugänglich sind. Trotzdem verdienen auch hier einfache Blüten den Vorzug.

SONNIGE EINLADUNG

Sonnige Plätze genießen die Insekten besonders im zeitigen Frühjahr und Herbst. Über Sommer dagegen bevorzugen die meisten zwar Wärme, aber eher milde Strahlen.

Für die Hummeln kann starke Hitze sogar lebensgefährlich werden. Auch ein Sonnenplatz sollte deshalb besser über Mittag leicht beschattet sein. Bleibt es wochenlang heiß und trocken, empfiehlt sich das Aufstellen von Insektentränken.
Die zartblauen Blüten des Schneeglanz laden oft schon im Februar die ersten Hummeln und Schwebfliegen ein. Darauf folgen ständig neue Blüten – bis hin zu den Kissenastern, die zu den besten späten Nektarlieferanten zählen. Die immergrüne Schneeheide überbrückt dann die kalte Jahreszeit mit ihrer Winterblüte.

PFLANZENLISTE

1. Schneeglanz – 2 Pflanzen
2. Krokusse – eingestreute Tuffs
3. Felsensteinkraut – 2 Pflanzen
4. Akeleien – 3 Pflanzen
5. Heidenelken – 2 Pflanzen
6. Mignon-Dahlien – 6 Pflanzen
7. Kissenastern – 3 Pflanzen
8. Schneeheiden – 5 Pflanzen

HOCHBEETGRÖSSE

100 × 150 × 70–90 cm

BEPFLANZUNG

(In der Reihenfolge der Blütezeiten)
Schneeglanz *(Chionodoxa luciliae)*. Pflanzzeit: Herbst. Abstand: 5–12 cm; in Tuffs (Grüppchen). Blüte: hellblau; Februar bis April
Wildkrokusse (z. B. *Crocus chrysanthus, C. tommasinianus*). Pflanzzeit: Herbst. Abstand: 10 cm, in Lücken zwischen den anderen Pflanzen. Blüte: violett, blau, weiß; Februar bis März
Felsensteinkraut *(Alyssum saxatile)*. Pflanzzeit: Herbst oder Frühjahr. Abstand: 35 cm. Blüte: gelb; April bis Mai
Akelei *(Aquilegia vulgaris)*. Pflanzzeit: am besten im Herbst. Abstand: 25–30 cm. Blüte: blau, violett, rosa; Mai bis Juni
Heidenelke *(Dianthus deltoides)*. Pflanzzeit: Herbst oder Frühjahr. Abstand: 25 cm. Blüte: rot, lila; Juni bis August
Mignon-Dahlie (*Dahlia*-Hybriden). Pflanzzeit: spätes Frühjahr. Abstand: 25 cm. Blüte: in vielen Farbtönen; Juni bis Oktober
Kissenaster *(Aster dumosus)*. Pflanzzeit: Frühjahr oder Spätherbst. Abstand: 25 cm. Blüte: violett, rosa, weiß; September bis Oktober
Schneeheide *(Erica carnea)*. Pflanzzeit: im Frühherbst. Abstand: 20–30 cm. Blüte: rosa, weiß, rot; zwischen November und April, je nach Sorte

ABSEITS DER SOMMERHITZE

Dieses Hochbeet wird am besten an einem Platz aufgestellt, der nur vormittags direkte Sonne abbekommt. Andernfalls passt es auch dort, wo die Pflanzen erst ab dem späten Nachmittag in der Sonne stehen.

Die gelben Winterlinge öffnen als erste ihre Blüten. Das freut besonders die Hummeln, die schon bei 3 °C auf Nektarsuche unterwegs sind. Von Februar bis Oktober blühen hier mindestens drei Stauden gleichzeitig und ab November kann die Schneeheide die letzten robusten Wildbienen versorgen. Kleine Insekten nutzen diesen Zwergstrauch über Winter auch gern als Unterschlupf.

PFLANZENLISTE

1. Winterlinge – 1 kleine Gruppe
2. Märzenbecher – 1 kleine Gruppe
3. Buschwindröschen – 3 Pflanzen
4. Schlüsselblumen – 3 Pflanzen
5. Kaukasus-Beinwell – 2 Pflanzen
6. Taubnessel – 2 Pflanzen
7. Lerchensporn – 2 Pflanzen
8. Herbstanemonen – 3 Pflanzen
9. Herbst-Alpenveilchen – 3 Pflanzen
10. Schneeheiden – 3 Pflanzen

HOCHBEETGRÖSSE

100 × 150 × 70–90 cm

BEPFLANZUNG

(In der Reihenfolge der Blütezeiten)

Winterlinge *(Eranthis hyemalis)*. Pflanzzeit: Herbst. Abstand: ca. 5 cm, in Tuffs (Grüppchen). Blüte: gelb; Februar bis März

Märzenbecher *(Leucojum vernum)*. Pflanzzeit: Herbst. Abstand: ca. 10 cm, in Tuffs. Blüte: weiß; Februar bis April

Buschwindröschen *(Anemone nemorosa)*. Pflanzzeit: Spätsommer bis Herbst. Abstand: 20 cm. Blüte: weiß; Februar bis April.

Schlüsselblumen *(Primula veris)*. Pflanzzeit: Herbst. Abstand: 20 cm. Blüte: gelb; April bis Mai

Kleiner Kaukasus-Beinwell *(Symphytum grandiflorum)*. Pflanzzeit: Herbst oder Frühjahr. Pflanzabstand: 30 cm. Blüte: cremeweiß; April bis Mai

Gefleckte Taubnessel *(Lamium maculatum)*. Pflanzzeit: Herbst oder Frühjahr. Abstand: 30 cm. Blüte: rosa bis lila; Mai bis Juli

Gelber Lerchensporn *(Corydalis lutea)*. Pflanzzeit: bevorzugt im Frühjahr. Abstand: 30 cm. Blüte: gelb; Mai bis Oktober

Niedrige Herbstanemonen *(Anemone hupehensis)*, z. B. 'Pretty Lady Susan'. Pflanzzeit: bevorzugt im Frühjahr. Abstand: 30–40 cm. Blüte: rosa, pink; Juli bis Oktober

Herbst-Alpenveilchen *(Cyclamen hederifolium)*. Pflanzzeit: spätes Frühjahr bis Frühsommer. Abstand: 20 cm. Blüte: rosa; August bis Oktober

Schneeheiden *(Erica carnea)*. Pflanzzeit: im Frühherbst. Abstand: 20–30 cm. Blüte: rosa, weiß, rot; zwischen November und April, je nach Sorte

KRÄUTER FÜR INSEKTEN UND GOURMETS

Ein Palettenhochbeet mit feinen Kräutern: genau das Richtige für engagierte Köche und Feinschmecker. Dazu kommen Zierden wie Ringelblume und Kapuzinerkresse, deren Blüten als essbare Dekoration den Appetit anregen.

Kräuter wie Salbei, Thymian und Zitronenmelisse bereichern auch den Speiseplan von Hummeln, Honig- und Wildbienen. Nebenbei locken sie Schwebfliegen und Schlupfwespen an, die Läuse und andere Schädlinge in Schach halten. Für ein optimales Kräuteraroma steht dieses Hochbeet an einem sonnigen Platz und wird mit nährstoffarmer Erde befüllt.

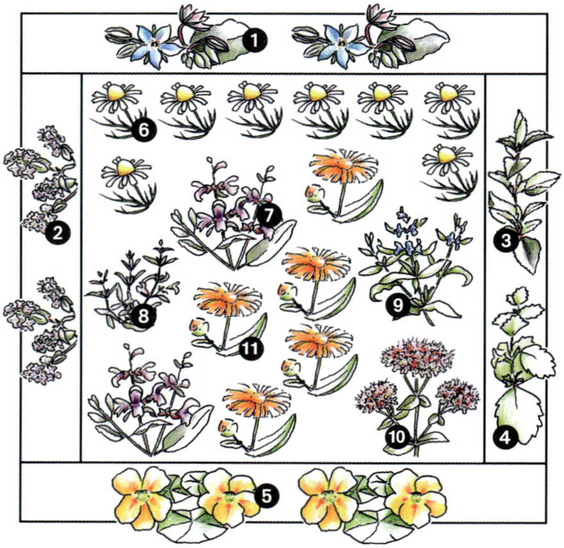

PFLANZENLISTE

1. Borretsch – 2 Pflanzen
2. Thymian – 2 Pflanzen
3. Minze – 1 Pflanze
4. Zitronenmelisse – 1 Pflanze
5. Kapuzinerkresse – 2 Pflanzen
6. Römische Kamille – 8 Pflanzen
7. Salbei – 2 Pflanzen
8. Winter-Bohnenkraut – 1 Pflanze
9. Ysop – 1 Pflanze
10. Oregano – 1 Pflanze
11. Ringelblumen – 5 Pflanzen

HOCHBEETGRÖSSE

120 × 150 × 80 cm

BEPFLANZUNG

Borretsch. Aussaat: April bis Juni oder Auspflanzen Mai bis Juni. Abstand: 20–25 cm. Ernte: Mai bis Oktober. Blüte: violettblau; Mai bis September

Thymian. Auspflanzen: ab April. Abstand: 25 cm. Ernte: fast ganzjährig. Blüte: lila; Juni bis Juli

Minze. Auspflanzen: ab April. Abstand: 30–35 cm. Ernte: März bis September. Blüte: rosa; ab Juni

Zitronenmelisse, kompakte Sorten wie 'Limonii'. Auspflanzen: ab April. Abstand: 30–35 cm. Ernte: März bis September. Blüte: weiß; Juni bis August

Kapuzinerkresse. Auspflanzen: Mitte Mai bis Juni. Abstand: 20–30 cm. Blüte: gelb, orange, rosa, rot; Juli bis Oktober

Römische Kamille. Auspflanzen: im Frühjahr oder Frühherbst. Abstand: 15 cm. Blüte: weiß; ab Juni

Salbei. Auspflanzen: ab Ende April. Abstand: 30–40 cm. Ernte: April bis Oktober, auch über Winter. Blüte: hellblau, hellviolett; Juni bis August

Winter-Bohnenkraut. Auspflanzen: Ende April bis Juli. Abstand: 25 cm. Ernte: März bis Oktober. Blüte: rosa, weiß; Juli bis Oktober

Ysop. Auspflanzen: Ende April bis Juni. Abstand: 30 cm. Ernte: Mai bis September. Blüte: blau, rosa; Juli bis August

Oregano. Auspflanzen: ab Mai. Abstand: 30 cm. Ernte: Mai bis Oktober. Blüte: hellviolett; Juli bis September

Ringelblumen. Aussaat oder Auspflanzen: April bis Juni. Abstand: 20–25 cm. Blüte: gelb, orange; Mai/Juni bis Oktober

RENDEZVOUS DER FALTER

Von Mai bis September blühen in diesem Hochbeet schöne naturnahe Stauden, über die sich Schmetterlinge besonders freuen. Aber auch Bienen, Hummeln und Schwebfliegen suchen diese Blüten gern auf.

Für Schmetterlinge ist nicht nur ein gutes Nektarangebot wichtig: Sie brauchen auch Nahrungspflanzen für ihre Raupen. Zerfressene Pflanzen sind allerdings keine Hochbeetzierde. Dafür reserviert man besser eine abgelegene Gartenecke; z. B. mit Brennnesseln, an denen sich bis zu 30 Schmetterlingsarten entwickeln können. Stauden erhalten Sie meist als gut bewurzelte Topfpflanzen, die Sie fast das ganze Jahr über ins Hochbeet setzen können. Frühjahr und Herbst sind die besten Pflanztermine. Die meisten Stauden in diesem Beispiel mögen es sonnig und können recht trocken gehalten werden.
Zu den besten Schmetterlingsmagneten gehört der Gewöhnliche Natternkopf. An seinen Blüten saugen z. B. Schwalbenschwanz, Distelfalter und verschiedene Dickkopffalter. Reich umschwärmt werden auch Prachtscharte und Indianernessel, an der sich z. B. der Zitronenfalter gern labt. Am Alpen-Steinquendel sieht man öfter den Goldzünsler. Das Seifenkraut dagegen versorgt vor allem Nachtfalter; ebenso die Nachtkerze, deren gelbe Blüten sich erst abends öffnen.

PFLANZENLISTE

1. Kissen-Seifenkraut – 1 Pflanze
2. Alpen-Steinquendel – 3 Pflanzen
3. Natternkopf – 2 Pflanzen
4. Nachtkerze – 2 Pflanzen
5. Prachtscharte – 4 Pflanzen
6. Indianernessel – 2 Pflanzen

HOCHBEETGRÖSSE

120 cm Durchmesser, 50–60 cm hoch

BEPFLANZUNG

Kissen-Seifenkraut *(Saponaria ocymoides)*. Pflanzabstand: 30 cm. Blüte: rosa; Mai bis Juli
Alpen-Steinquendel *(Acinos alpinus)*. Pflanzabstand: 25 cm. Blüte: violett; Mai bis August
Gewöhnlicher Natternkopf *(Echium vulgare)*. Pflanzabstand: 30–40 cm. Blüte: blau; Mai bis August
Nachtkerze *(Oenothera biennis)*. Pflanzabstand: 30–40 cm. Blüte: gelb; Juni bis September
Prachtscharte *(Liatris spicata)*. Pflanzabstand: 25 cm. Blüte: lila; Juli bis September
Niedrige Indianernessel *(Monarda fistulosa)*, z. B. 'Pink Lace'. Pflanzabstand: 30–40 cm. Blüte: rosarot; Juli bis September

FÜR JEDEN GESCHMACK

Erdbeeren und Cranberries, Chinakohl und Knoblauch, Petersilie und Salbei, Ringelblumen und Schneeheide: Das alles und noch viel mehr kann im Hochbeet gedeihen. Nutzen Sie die Vielfalt!

Die wichtigsten Pflanzen

Bei den nachfolgenden Pflanzenporträts spielen Gemüse, die sich in Hochbeeten besonders bewährt haben, die Hauptrolle. Aber auch beliebte Kräuter, Obstarten und Blumen werden näher vorgestellt.

Achten Sie bei der Auswahl zunächst vor allem auf den Platzbedarf, also die nötigen Pflanz- und Reihenabstände, auf die Saat- und Pflanztermine und darauf, wie lange die einzelnen Arten das Beet belegen.

PFLANZENWAHL FÜR MISCHKULTUREN

Wenn Sie mehrere Gemüse in Mischkulturen anbauen möchten, wählen Sie als Erstes die gewünschte Hauptkultur – also die Art, die am längsten das Beet belegt und oft auch den meisten Platz braucht. Das sind vor allem Starkzehrer wie Stangen- und Knollensellerie, Kohl, Kartoffel, Tomate, Paprika, Zucchini und Gurke. Dann können Sie mithilfe der Übersicht auf der hinteren Buchklappe passende Mischkulturpartner dafür aussuchen.
Dasselbe geht auch mit Arten, die „nur" 2 bis 4 Monate brauchen und meist Mittelzehrer sind, so etwa Kohlrabi, Mangold, Rote Bete und Kopfsalat. Mit denen können Sie teils auch zwei „halbe" Hauptkulturen nacheinander anbauen, z. B. erst Dicke Bohnen, dann Herbst- oder Winterrettiche.

STREIFLICHTER DER VIELFALT

Von den Kräutern, Obstarten und Blumen kann hier nur eine kleine, aber feine Auswahl im Porträt vorgestellt werden. Sie finden aber auch Infos zu vielen weiteren Pflanzen in den Musterbeeten von S. 50–S. 85 – von spezielleren Gemüsearten wie Süßkartoffeln und Knollenziest über Rosmarin und Blattkoriander bis hin zu Barbarakraut, Winterlingen, Indianernessel und Natternkopf.

BEDEUTUNG DER PIKTOGRAMME

- sonnig
- halbschattig
- schattig
- Starkzehrer
- Mittelzehrer
- Schwachzehrer
- hoher Wasserbedarf
- mittlerer Wasserbedarf
- wenig Wasserbedarf

SALATE

KOPF- UND EISSALAT

Besonders zart schmecken die Butterkopfsalate. Der Eissalat ist etwas knackiger. Manche Sorten eignen sich nur für Früh-, Sommer- oder Herbstanbau. Andere können über die ganze Saison angebaut werden.

ANBAU Geschützte Anzucht (bei nur 10–16 °C) ab Februar; Saat direkt ins Beet von März bis August. Reihenabstand und Abstand in der Reihe 25–30 cm.

PFLEGE Bei Früh- und Spätanbau mit Vlies oder Aufsatz schützen. Gleichmäßig leicht feucht halten; regelmäßig hacken oder mulchen.

ERNTE Von Mai bis Oktober: Kopfsalat nach 5 bis 10 Wochen, Eissalat nach 8 bis 16 Wochen.

PFLÜCKSALAT

Pflücksalate bilden kleine, lockere Köpfe, Schnittsalate flache Blattrosetten. Dazu gehören auch die beliebten 'Lollo'- und Eichblattsalate mit rotblättrigen Sorten.

ANBAU Geschützte Anzucht (bei nur 10–16 °C) ab Februar; Saat direkt ins Beet von Ende Februar bis August. Reihenabstand und Abstand in der Reihe 20–25 cm. Am besten alle paar Wochen nachsäen oder -pflanzen.

PFLEGE Bei Früh- und Spätanbau mit Vlies oder Aufsatz schützen. Gleichmäßig leicht feucht halten.

ERNTE Von April bis Oktober, nach 4 bis 8 Wochen. Vom Pflücksalat fortlaufend die äußeren Blätter ernten, Schnittsalat komplett unten abschneiden.

ENDIVIE

Hier unterscheidet man die Glatte Endivie (Escariol) mit breiten, ganzrandigen Blättern und die Krause Endivie (Frisée) mit stark gefransten Blättern.

ANBAU Winterendivie ab Mitte Juni vorziehen; Juli bis August auspflanzen. Schossfeste Sommerendivie kann schon ab Mai gesät und ab Juni gepflanzt werden. Reihenabstand und Abstand in der Reihe 30–40 cm.

PFLEGE Gleichmäßig leicht feucht halten. Nach dem Anwachsen etwas organischen Dünger geben. Bei Kälteeinbrüchen im Herbst abdecken.

ERNTE Winterendivie von Mitte August bis November, Sommerendivie Juli bis September.

FELDSALAT

Feldsalat kann den ganzen Winter über leckere, vitaminreiche Blätter liefern. Er wird erst spät gesät, weil er sonst zu „schießen" droht. Es gibt aber auch einige schossfeste Sommersorten, z. B. 'Favor' und 'Gala'.

ANBAU Aussaat von Ende Juli bis Mitte September, unterm Hochbeetaufsatz bis Oktober; schossfeste Sorten ganzjährig. Reihenabstand 10–20 cm, in der Reihe auf 3–5 cm ausdünnen.

PFLEGE Gleichmäßig leicht feucht halten. Drohen Fröste, mit Vlies oder Beetaufsatz abdecken.

ERNTE Von Mitte September bis März, nach 4 bis 10 Wochen. Blattrosetten knapp über dem Boden abschneiden.

RUCOLA

Von der Rucola oder Salatrauke werden Sorten mit ganzrandigen Blättern und mit stark gefiedertem, besonders würzigem Laub angeboten.

ANBAU Aussaat von Ende März bis September, unterm Hochbeetaufsatz ganzjährig. Am besten alle paar Wochen nachsäen. Reihenabstand 10–20 cm, in der Reihe auf 3–5 cm ausdünnen. Oder breitwürfig säen.

PFLEGE Gleichmäßig feucht halten, besonders im Hochsommer, sonst werden die Blätter sehr scharf und bitter.

ERNTE Von Mai bis Oktober, nach 3 bis 6 Wochen. Fortlaufend junge Blätter pflücken oder bei 15–20 cm Höhe komplett schneiden.

PAK CHOI, ASIA-SALATE

Der Pak Choi erinnert mit seinen kompakten, kopfähnlichen Blattrosetten an Chinakohl (siehe S. 91), wird aber oft zu den Asia-Salaten gerechnet. Ähnliche Blätter wie Pak Choi hat der Asia-Salat Komatsuna. Mizuna und andere dagegen ähneln gefiederten Rucolasorten.

ANBAU Pak Choi von Juni bis August ins Hochbeet säen oder bis Anfang September auspflanzen, mit 25–30 cm Abstand. Asia-Salate von März bis August säen, am besten in Folgesaaten; Reihenabstand 20–25 cm.

PFLEGE Gleichmäßig leicht feucht halten.

ERNTE Asia-Salate ab Mai, Pak Choi ab Juli, alle bis Oktober; jeweils nach 5 bis 10 Wochen.

BLATT- UND KOHLGEMÜSE

SPINAT

Viele bewährte Herbst- und Frühjahrssorten schießen an langen, warmen Tagen schnell, gehen also in Blüte. Mit schossfesten Sorten wie 'Celesta' muss man aber auch im Sommer nicht auf Spinat verzichten.

ANBAU Aussaat von August bis Oktober und Februar bis April; Sommerspinat von April bis Juli. Reihenabstand 20–30 cm, in der Reihe auf 5 cm ausdünnen.

PFLEGE Bei Trockenheit gießen; des Öfteren hacken. Vor stärkeren Frösten abdecken.

ERNTE Mitte September bis Mai, nach 6 bis 12 Wochen; Sommerspinat Mai bis September. Nach und nach von außen ernten oder unten ganz abschneiden.

MANGOLD

Von den meisten Mangoldsorten nutzt man vor allem die fleischigen Stiele, aber auch die jungen Blätter; z. B. bei 'Lucullus'. Dagegen wird Blattmangold wie 'Grüner Schnitt' nur für mehrmalige Blatternten angebaut.

ANBAU April bis Juni aussäen oder pflanzen. Reihenabstand 30–40 cm, nach Aussaat die Pflänzchen in der Reihe auf 30 cm ausdünnen.

PFLEGE Bei Trockenheit kräftig gießen; häufig hacken oder mulchen. Zwei- bis dreimal organischen Dünger geben.

ERNTE Von Juni bis Oktober die Stiele nach und nach von außen ernten. Für mehrmalige Ernten die Herzblätter schonen, nicht mehr als ein Drittel abschneiden.

STANGENSELLERIE, BLEICHSELLERIE

Moderne Sorten wie 'Golden Spartan' sind selbstbleichend, d. h., sie müssen nicht zusammengebunden werden, um helle Stiele zu gewinnen. Das gilt auch für Sorten wie 'Tall Utah' und 'Tango' mit grünen, schmackhaften Stielen.

ANBAU Warme Anzucht von März bis April, Samen nur dünn abdecken. Ende April bis Mai auspflanzen, im Abstand von 30–40 × 30 cm.

PFLEGE Bei Trockenheit kräftig gießen; häufig hacken oder mulchen. Zwei- bis dreimal organischen Dünger geben.

ERNTE Von Juni bis Anfang Oktober. Die Blattstiele an der Basis abdrehen.

KOHLRABI

Mit geeigneten Früh-, Sommer- und Herbstsorten können Sie von Mai bis November frische Kohlrabi ernten – nach Belieben mit weißen (hellgrünen) oder blauen (bis rotvioletten) Sprossknollen.

ANBAU Frühe Sorten ab Februar drinnen vorziehen. Pflanzung je nach Sortengruppe April bis Mitte August, mit 30 cm Abstand.

PFLEGE Bei Frühanbau mit Vlies oder Aufsatz schützen. Gleichmäßig feucht halten, um dem Platzen der Knollen vorzubeugen; oft hacken oder mulchen.

ERNTE 6 bis 10 Wochen nach dem Pflanzen. Die Knollen im Sommer recht früh ernten, damit sie nicht verholzen.

KOPFKOHL

Kopfkohl braucht viel Platz und belegt das Hochbeet mehrere Monate. Doch ein frischer Weiß-, Rot- oder Wirsingkohl ist immer wieder ein besonderes Ernte-Highlight. Von allen Kohlarten gibt es Sorten mit unterschiedlicher Eignung für Früh-, Sommer- und Spätanbau.

ANBAU Anzucht zwischen Februar und Mai, Pflanzung zwischen März und Juni. Für Frühsorten reichen oft 40 cm Abstand, spätere benötigen 50–60 cm.

PFLEGE Gleichmäßig feucht halten; regelmäßig hacken oder mulchen; leicht anhäufeln. Mehrmals nachdüngen.

ERNTE Frühsorten ab Ende Juni, späte bis Oktober/November. Die Köpfe am Strunk abschneiden.

CHINAKOHL

Ein recht unkompliziertes und schmackhaftes, bekömmliches Gemüse für den Spätanbau, z. B. nach der Ernte von Erbsen, frühen Möhren und Kartoffeln.

ANBAU Ende Juli bis August ins Beet säen. Oder ab Mitte Juni vorziehen, Mitte Juli bis August auspflanzen. Reihenabstand 40 cm, in der Reihe 30–40 cm. Es gibt auch schossfeste Sorten für eine Aussaat ab Mai.

PFLEGE Gleichmäßig leicht feucht halten. Eine Startdüngung mit Kompost und Hornspänen genügt.

ERNTE Etwa 8 bis 12 Wochen nach dem Auspflanzen gut entwickelte Köpfe komplett abschneiden; im Herbst noch vor den ersten stärkeren Frösten.

WURZEL- UND KNOLLENGEMÜSE

RADIESCHEN

Schnellwüchsig, genügsam, die ganze Saison über verfügbar: Die knackigen Radieschen sind ideale „Lückenfüller" im Hochbeet und passen in Mischkultur zu allen anderen Pflanzen außer Gurken, Rettichen und Kohl.

ANBAU Aussaat unter Vlies oder Aufsatz schon ab Februar, dann draußen bis Anfang September. Reihenabstand 15–20 cm, in der Reihe auf 5 cm ausdünnen. Alle 3 bis 4 Wochen an einem anderen Platz nachsäen.

PFLEGE Gleichmäßig leicht feucht halten. Behutsam zwischen den Reihen lockern.

ERNTE Nach 4 bis 8 Wochen, die dicksten Radieschen zuerst. Rechtzeitig ernten, bevor sie pelzig werden.

RETTICH

Rettiche gibt es mit sehr unterschiedlicher Größe und Färbung, von Weiß und Rosa bis zu den braunschwarzen Winterrettichen. Hier muss man mehr als bei Radieschen auf die verschiedenen Saatzeiten der Sorten achten.

ANBAU Aussaat unter Vlies oder Aufsatz ab Februar; Sommersorten von April bis Juni, Herbst- und Wintersorten von Juni bis Anfang September. Reihenabstand 20–40 cm, in der Reihe auf 15–30 cm vereinzeln.

PFLEGE Gleichmäßig feucht halten und regelmäßig den Boden lockern.

ERNTE Nach 6 bis 8 Wochen. Nicht zu lange stehen lassen, damit die Rüben nicht holzig oder pelzig werden.

MÖHRE, KAROTTE

Möhren unterscheiden sich je nach Sorte stark in ihrer Kulturdauer. Snack- oder Fingermöhren lassen sich schon sehr früh und zart ernten.

ANBAU Je nach Sorte ab Februar bis Anfang Juli. Reihenabstand 25–30 cm, in der Reihe auf 4–8 cm ausdünnen. Keimen langsam, Radieschen als Markiersaat zugeben.

PFLEGE Gleichmäßig leicht feucht halten. Behutsam hacken oder mulchen. Etwas anhäufeln, damit die Wurzelköpfe nicht grün werden.

ERNTE Frühe Sorten sind schon nach etwa 12 Wochen erntereif, mittelfrühe nach 15 bis 20 Wochen. Späte, gut lagerfähige Sorten brauchen 20 bis 26 Wochen.

ROTE BETE

Von der Roten Bete oder Roten Rübe gibt es zahlreiche Sorten mit runden, walzenförmigen oder länglichen Rüben. Die meisten sind tiefrot, manche aber auch orange oder weiß.

ANBAU Aussaat Mitte April bis Juni. Reihenabstand 25–30 cm, in der Reihe auf 10–15 cm ausdünnen. Für die Ernte zarter „Baby Beets" reichen 5 bis 8 cm Abstand.

PFLEGE Gleichmäßig leicht feucht halten. Vorsichtig hacken oder mulchen. Zurückhaltend düngen, um hohe Nitratgehalte in den Rüben zu vermeiden.

ERNTE Rund 12 bis 16 Wochen nach der Aussaat, ab Juli bis Oktober. Baby Beets schon nach 8 bis 10 Wochen.

KNOLLENSELLERIE

Die runzlige Sellerieknolle ist ausgesprochen gesund. Sie gehört zu den Starkzehrern, die sich recht gut im Hochbeet unterbringen lassen.

ANBAU Anzucht Ende Februar bis April, Samen höchstens hauchdünn abdecken. Auspflanzen ab Mitte Mai mit 40 × 30 cm Abstand. Die Setzlinge nicht zu tief einpflanzen, nur bis zum Wurzelhals.

PFLEGE Stets feucht halten; häufig hacken oder mulchen. Startdüngung geben, mehrmals nachdüngen.

ERNTE Ab Juni bis November, vor den ersten stärkeren Frösten. Die Knollen nach Lockern des Bodens herausziehen; Wurzeln und Blätter einkürzen bzw. entfernen.

KARTOFFEL

Frühkartoffeln hinterlassen zeitig ein gut gelockertes Beet für Spätgemüse. Aber auch mittelfrühe und späte Sorten können sich lohnen, z. B. mit Spezialitäten wie 'Rosa Tannenzapfen' und 'Vitelotte'.

ANBAU Frühkartoffeln ab April stecken, mittelfrühe und späte Mitte April bis Mai. Abstand 60–70 × 30–40 cm; 5–8 cm tief pflanzen.

PFLEGE Gründlich gießen. Regelmäßig hacken; ab etwa 15 cm Höhe anhäufeln. Mehrmals nachdüngen.

ERNTE Frühkartoffeln ab Juni mit noch grünen Blättern; mittelfrühe und späte erst ab August/September, wenn das Laub welkt. Vorsicht, grüne Knollenteile sind giftig!

FRUCHTGEMÜSE

TOMATE

— Nachtschattengewächse

Für Hochbeete eignen sich vor allem Busch- und Balkontomaten, die nur 30–60 cm hoch wachsen, z. B. 'Balkonstar' und 'Ida Gold'. Außerdem niedrige Cherrytomaten und für die Beetränder Hängetomaten. Bis 2 m hohe Stabtomaten passen besser in niedrige Hochbeetkästen.

ANBAU Ab Ende Februar vorziehen; gegen Mitte Mai auspflanzen; mit 40–60 cm Abstand, große Sorten mit 80 cm.

PFLEGE Bei Trockenheit kräftig gießen. Häufig hacken oder mulchen. Mehrmals anhäufeln und nachdüngen. Am besten schon frühzeitig mit einem Folien- oder Plexiglasdach vor Regen schützen, um der Kraut- und Braunfäule vorzubeugen. Hohe Sorten stützen; bei Stab- und Fleischtomaten regelmäßig Jungtriebe in den Blattachseln ausbrechen (ausgeizen).

ERNTE Ab Juli voll ausgefärbte Früchte pflücken. Im Herbst noch grüne Tomaten drinnen nachreifen lassen.

PAPRIKA, PEPERONI, CHILI

— Nachtschattengewächse

Die Pflanzen werden meist nur 50–100 cm hoch und passen gut in Hochbeete. Beim Gemüsepaprika sind die „Schoten“ (Beeren) meist groß und schmecken mild. Reif werden sie gelb, orange oder rot; manche bleiben lange grün. Scharf sind dagegen die meist spitzkegeligen, roten Früchte von Gewürzpaprika, Peperoni und Chili.

ANBAU Ab Ende Februar vorziehen. Ab Mitte Mai ins Freie pflanzen oder ab April unter einen Gewächshausaufsatz. Pflanzabstand 40–60 cm.

PFLEGE Gleichmäßig feucht halten. Häufig hacken oder mulchen und anhäufeln. Hohe und großfrüchtige Sorten an Stäben aufbinden und stützen. Mehrmals düngen.

ERNTE Ab Juli bis Oktober. Gemüsepaprika können auch grün geerntet werden; die meisten Gewürzpaprika und Chilis sollten aber sortentypisch ausgefärbt sein.

ERBSEN

— Schmetterlingsblütler

Man unterscheidet Schalerbsen mit glatten Körnern, Markerbsen mit runzligen, süßeren Körnern und Zuckererbsen für die Ernte sehr junger, zarter Hülsen. Die meisten Sorten werden höchstens meterhoch. Hohe Sorten brauchen eine Rankhilfe; für niedrige, buschige Erbsen wie die 'Kleine Rheinländerin' ist das nicht nötig.

ANBAU Aussaat von Schalerbsen ab Mitte März, frühe Mark- und Zuckererbsen ab Ende März, späte Sorten bis Anfang Juli. Reihenabstand 30–40 cm, in der Reihe 4–5 cm; Saattiefe 3–5 cm.

PFLEGE Wenn nötig, mit Rankhilfen versehen, z. B. aufgespannter Maschendraht oder Reisigäste. Gleichmäßig leicht feucht halten. Bei 15–20 cm Höhe anhäufeln.

ERNTE Von Juni bis September unreife Hülsen ernten. Schalerbsen zur Körnergewinnung ausreifen lassen und im September/Oktober ernten.

BUSCHBOHNE

— Schmetterlingsblütler

Stangenbohnen sind zwar sehr ertragreich, brauchen aber viel Platz und hohe Stangen bzw. Gerüste zum Emporwinden. Die nur 30–50 cm hohen Buschbohnen dagegen lassen sich gut in Hochbeeten anbauen und brauchen auch keine Rankhilfe. Es gibt grün-, gelb- und blauhülsige Sorten, meist ohne Fäden in den Hülsen.

ANBAU Ab Mitte April vorziehen und Mitte Mai bis Juli auspflanzen oder direkt ins Beet säen. Mit 25–30 cm Abstand auspflanzen oder alle 30 cm je vier bis sechs Körner in Horsten (Grüppchen) säen.

PFLEGE Gleichmäßig leicht feucht halten. Regelmäßig hacken oder mulchen. Bei 15–20 cm Höhe anhäufeln.

ERNTE Ab Mitte Juli bis September fortlaufend die Hülsen mit noch kleinen, weichen Körnern pflücken. Für Trockenbohnen im Herbst ganz ausreifen lassen. Achtung, rohe Hülsen und Samen sind giftig!

FRUCHT- UND ZWIEBELGEMÜSE

DICKE BOHNE

Die Dicke Bohne oder Puffbohne bleibt meist kleiner als 1 m und braucht keine Stütze. Eine frühe Aussaat beugt dem Befall mit Blattläusen vor und ermöglicht eine Nachkultur, z. B. von Kopfsalat und Herbstlauch.

ANBAU Aussaat ab Ende Februar bis April. Reihenabstand 50 cm, in der Reihe 10 cm; oder alle 20 cm 2 bis 3 Samen in Horsten legen; Saattiefe rund 5 cm.

PFLEGE Gleichmäßig leicht feucht halten. Regelmäßig hacken; mehrmals anhäufeln. Nach gutem Hülsenansatz fördert das Abschneiden der Spitze die Abreife.

ERNTE Juni bis Anfang August; am besten mit voll ausgefärbten, aber noch etwas weichen Körnern.

ZUCCHINI

Die gedrungen wachsenden Zucchini brauchen viel Platz: Sie können über 1 m Durchmesser erreichen. Meist genügen aber auch ein bis zwei Exemplare, um sich den ganzen Sommer über mit Zucchini zu versorgen.

ANBAU Ab April vorziehen, ab Mitte Mai auspflanzen, mit 80 x 80 cm Abstand.

PFLEGE Regelmäßig und kräftig gießen und am besten mulchen, z. B. mit Stroh oder Kokosfasermulch. Mehrmals organisch düngen.

ERNTE Ab Juni bis Oktober, bei 15–20 cm Länge; als zarte Mini-Zucchini schon ab 8 cm. Auch die Blüten sind essbar. Vorsicht, bittere Zucchini sind giftig!

GURKE

Für Hochbeete eignen sich vor allem Mini-Salat- oder Snackgurken zum Ernten bei 10–15 cm Länge und Einlegegurken mit 6–15 cm langen Früchten. Die lassen sich besser platzsparend an Gerüsten hochziehen als großfrüchtige Salat- und Schälgurken.

ANBAU Warme Anzucht von April bis Anfang Mai. Auspflanzen Mitte Mai bis Anfang Juni, mit 40–100 cm Abstand.

PFLEGE Gleichmäßig feucht halten, nicht mit kaltem Wasser gießen. Den Boden am besten mulchen. Mehrmals organischen Dünger geben.

ERNTE Ab etwa 2 Wochen nach Blühbeginn, von Juli bis September. Häufig durchpflücken.

SPEISEZWIEBEL

Neben den klassischen Küchenzwiebeln mit hellbrauner Schale gibt es feine rot- und weißschalige Sorten und die großen, mild-würzigen Gemüsezwiebeln.

ANBAU Auspflanzen im März und April, Wintersteckzwiebeln im September und Oktober. Reihenabstand 25 cm, in der Reihe 10 cm. So in den Boden stecken, dass die Spitze oben herausragt; Winterzwiebeln etwas tiefer.

PFLEGE Anfangs öfter gießen, vor der Reife trockener halten. Boden vorsichtig lockern. Überwinternde Zwiebeln leicht abdecken.

ERNTE Ab August, wenn das Laub umknickt; Winterzwiebeln von Mai bis Juli.

LAUCH, PORREE

Nach der Erntezeit unterscheidet man Sommer-, Herbst- und Winterlauch.

ANBAU Anzucht von Sommerlauch ab Februar, Herbstlauch ab Mitte März, Winterlauch April bis Mitte Mai. Auspflanzen ab März, Winterlauch bis Anfang August. Reihenabstand 30–40 cm, in der Reihe 15 cm. Bis kurz unterhalb des Blattansatzes einpflanzen.

PFLEGE Gleichmäßig feucht halten. Ein- bis zweimal düngen. Anhäufeln, um lange weiße Schäfte zu erhalten.

ERNTE Sommerlauch ab Juli, Herbstlauch ab Mitte August, Winterlauch ab Mitte November bis ins nächste Frühjahr.

KNOBLAUCH

Knoblauch passt in Mischkultur sehr gut zwischen Erdbeeren, Möhren und Rote Bete, die er vor Pilzkrankheiten schützen kann.

ANBAU Am besten speziellen Pflanzknoblauch verwenden. Im September/Oktober oder März/April einzelne Zehen so in die Erde stecken, dass die Spitze 2 cm unter die Oberfläche kommt. Pflanzabstand 20–25 cm × 15 cm.

PFLEGE Bei anhaltender Trockenheit gießen, etwas häufiger während der Hauptwachstumszeit zwischen Mai und Mitte Juni.

ERNTE Zwischen Mitte Juli (bei Herbstpflanzung) und September, wenn die Blätter braun werden und umkippen.

KÜCHENKRÄUTER

BASILIKUM

Das etwas empfindliche Basilikum gedeiht im Hochbeet oft besser als im Gartenbeet. Ausgepflanztes Basilikum aus dem Supermarkt hält meist nicht lang, besser kauft man Jungpflanzen im Gartenfachhandel.

ANBAU Warme Anzucht ab Ende März bis Mai (Lichtkeimer). Ab Mitte Mai mit 25–30 cm Abstand auspflanzen.

PFLEGE Vor kühlen Nächten mit Vlies abdecken. Gleichmäßig leicht feucht halten. Blüten frühzeitig ausknipsen oder wegschneiden.

ERNTE Von Juni bis September junge Triebe und Blätter nach Bedarf. Zum Einfrieren, Einlegen in Öl oder für Pesto kurz vor der Blüte im Juni ganze Triebe ernten.

DILL

Will man vom Dill die Samen ernten, braucht er viel Platz für seine hohen, recht breiten Blütenstände. Blattdill-Sorten blühen erst spät und lassen sich durch häufiges Ernten deutlich kompakter halten.

ANBAU Aussaat von April bis August, alle paar Wochen in Folgesaaten. Weil Dill oft ungleichmäßig keimt, die Samen am besten flächig ausstreuen und später auf 10 cm ausdünnen.

PFLEGE Bei Trockenheit gießen. Die Erde öfter lockern oder mulchen.

ERNTE Von Juni bis Oktober die Blättchen fortlaufend ernten. Besonders lecker sind die feinen Dillspitzen.

PETERSILIE

Blattpetersilie gibt es mit gekrausten (Bild) sowie mit glatten, kräftiger schmeckenden Blättern.

ANBAU Warme Anzucht ab Ende Februar, Auspflanzen und Direktsaat ins Beet Mitte März bis Juli. Reihenabstand 20–25 cm, auf 10–15 cm ausdünnen. Petersilie keimt langsam, am besten Radieschen als Markiersaat zugeben.

PFLEGE Leicht feucht halten. Mit Kompost oder organischem Dünger versorgen.

ERNTE Im Jahr der Aussaat ab Mai. Bringt man Petersilie mit leichter Abdeckung gut über den Winter, lässt sie sich im Frühjahr nochmals ernten, bevor schließlich Blüten erscheinen.

BOHNENKRAUT

Das würzige Sommer-Bohnenkraut ist einjährig, das noch kräftiger schmeckende Winter-Bohnenkraut ist mehrjährig. Sie passen nicht nur zu Bohnen, sondern zu vielen Gemüse- und Fleischgerichten sowie auf die Pizza.

ANBAU Warme Anzucht ab März, Auspflanzen ab Mai. Ab Ende April bis Juli auch Direktsaat ins Beet möglich. Pflanzabstand: 25–30 cm.

PFLEGE Bei Trockenheit mäßig gießen, das Sommer-Bohnenkraut etwas häufiger. Regelmäßig die Erde lockern. Niedriger Nährstoffbedarf.

ERNTE Beim Sommer-Bohnenkraut von Juni bis September, beim Winter-Bohnenkraut von März bis Oktober.

SCHNITTLAUCH

Die Horste aus feinen Röhrenblättern sind mehrjährig, ziehen aber über Winter ein. Die hübschen Blütendolden sind essbar, ihre harten Stiele allerdings nicht. Deshalb schneidet man besser wenigstens einen Teil davon unten heraus.

ANBAU Anzucht ab Ende Februar, von April bis August in Büscheln auspflanzen. Pflanzabstand: 20–25 cm.

PFLEGE Bei Trockenheit gießen. Im Frühjahr mit Kompost versorgen. Alle 2 bis 3 Jahre durch Teilung im Herbst oder Frühjahr verjüngen.

ERNTE Von April bis Oktober, fortlaufend nach Bedarf. Nicht zu stark zurückschneiden, damit die Pflanzen gut nachtreiben.

MINZE

Neben der klassischen Pfefferminze werden auch mehrere andere gute Minzearten angeboten. Die mehrjährigen Pflanzen haben nur einen Nachteil: Sie können sich über Ausläufer hartnäckig ausbreiten.

ANBAU Pflanzung im Frühjahr oder Frühsommer mit 30–40 cm Abstand; am besten mit einer Wurzelsperre, z. B. in einem Eimer mit herausgetrenntem Boden.

PFLEGE Bei längerer Trockenheit gießen. Im Frühjahr und nach starkem Rückschnitt mit Kompost versorgen.

ERNTE Junge Blätter und Triebspitzen von März bis September. Zum Konservieren im Juni/Juli kurz vor der Blüte schneiden.

KÜCHENKRÄUTER & BEEREN

THYMIAN

Der oft nur 20 cm hohe, immergrüne Halbstrauch bildet hübsche hellviolette Blütenpolster. Als Würzkraut macht Thymian deftige Speisen bekömmlicher.

ANBAU Pflanzung vorzugsweise im Frühjahr, mit 20–30 cm Abstand.

PFLEGE Bei langer Trockenheit gelegentlich gießen. Niedriger Nährstoffbedarf. Über Winter leicht abdecken. Ältere Pflanzen im späten Frühjahr zurückschneiden. Alle 3 bis 4 Jahre durch Teilung verjüngen.

ERNTE Blättchen und Triebspitzen fortlaufend ernten, ab dem Austrieb bis in den Winter hinein. Zum Konservieren bei Blühbeginn oder in der Vollblüte schneiden.

OREGANO, DOST

Der mehrjährige Oregano wird vor allem als Gewürz der südländischen Küche geschätzt – und als schmucker, immergrüner Halbstrauch mit rosa bis violetten Blüten.

ANBAU Pflanzung vorzugsweise im Frühjahr, mit 30 cm Abstand.

PFLEGE Bei langer Trockenheit gelegentlich gießen. Niedriger Nährstoffbedarf. Über Winter leicht abdecken. Ältere Pflanzen im späten Frühjahr zurückschneiden. Alle 3 bis 4 Jahre durch Teilung verjüngen.

ERNTE Blätter und junge Triebspitzen von Mai bis Oktober. Zum Konservieren Triebe während der Blüte im Juli schneiden.

SALBEI

Das immergrüne Heil- und Würzkraut macht auch als Zierpflanze eine gute Figur, mit recht großen, graugrünen oder zweifarbig gemusterten Blättern und im Sommer mit blauvioletten Blütenständen.

ANBAU Pflanzung vorzugsweise im Frühjahr, mit 30–40 cm Abstand.

PFLEGE Bei langer Trockenheit etwas häufiger gießen. Mäßiger Nährstoffbedarf. Über Winter abdecken. Ältere Pflanzen im späten Frühjahr zurückschneiden. Alle 3 bis 4 Jahre durch Teilung verjüngen.

ERNTE Junge Blätter von April bis Oktober. Triebe zum Konservieren kurz vor der Blüte im Juni schneiden.

ERDBEERE

Monatserdbeeren passen besonders gut ins Hochbeet, ebenso Hänge-Erdbeeren für die Randbepflanzung. Etwas mehr Platz brauchen großfrüchtige Gartenerdbeeren.
ANBAU Monatserdbeeren am besten im Frühjahr, mit 15–25 cm Abstand. Andere Erdbeeren vorzugsweise im Spätsommer, mit 30–40 cm Abstand.
PFLEGE Bis zum Frühherbst gießen, ab Frühsommer mulchen. Nach der Ernte alte Blätter und Ausläufer entfernen und mit organischem Dünger oder Kompost versorgen.
ERNTE Mehrmals tragende, Monats- und Hänge-Erdbeeren von Mai/Juni bis Oktober. Einmal tragende Gartenerdbeeren bringen ab Mitte Mai bis Juli eine üppige Ernte.

CRANBERRY

Die aus Nordamerika stammende Cranberry liefert im Herbst recht große, rote, fruchtig herbe Beeren. Damit ist der immergrüne, kriechende Zwergstrauch mittlerweile noch beliebter als die ähnliche Preiselbeere.
ANBAU Im Frühjahr oder Herbst pflanzen, mit rund 30 cm Abstand. Cranberries und Preiselbeeren brauchen sauren Boden, z. B. Rhododendronerde mit Rindenhumus.
PFLEGE Mit kalkarmem Wasser gleichmäßig feucht halten. Anfangs mulchen, bis die Pflanzen die Erde ganz bedecken. Überlange Triebe entfernen, ab und zu auslichten.
ERNTE Im September und Oktober, wenn das Fruchtfleisch innen rot ist.

HEIDELBEERE

Für Hochbeete eignen sich vor allem kompakte Sorten, die nur 50–80 cm groß und breit werden, z. B. 'Blautropf', 'Peach Sorbet' und 'Northcountry'.
ANBAU Im Frühjahr oder Herbst pflanzen, mit 60–80 cm Abstand. Heidelbeeren brauchen wie die Cranberries und Preiselbeeren saure Pflanzerde.
PFLEGE Mit kalkarmem Wasser feucht halten. Die Erde mit Rindenmulch, Nadelstreu oder Sägespänen bedecken. Ab dem vierten Jahr die ältesten Haupttriebe herausschneiden und durch junge Bodentriebe ersetzen.
ERNTE Zwischen Juli und September; nach der vollen Ausfärbung noch ein paar Tage warten.

BLUMEN UND STAUDEN

TAGETES

Die meist 20–40 cm großen Tagetes oder Studentenblumen bezaubern mit lebhaftem Gelb und Orange, teils auch mit roten, cremeweißen oder zweifarbigen Blüten bis weit in den Herbst. *Tagetes patula* kann zudem schädliche Wurzelnematoden sehr effektiv bekämpfen.

BLÜTEZEIT Ab Mai oder Juni bis Oktober.

SÄEN & PFLANZEN März bis April vorziehen, ab Mitte Mai mit 20–30 cm Abstand auspflanzen. Oder Ende April bis Mai direkt an Ort und Stelle säen.

PFLEGE Auf gute Wasserversorgung achten. Vor Schnecken schützen. Alle 4 bis 6 Wochen düngen (außer bei frischer Hochbeetfüllung). Verwelkte Blüten entfernen.

RINGELBLUME

Die robusten, 30–60 cm hohen Ringelblumen *(Calendula officinalis)* verbreiten mit ihren leuchtend gelben und orangen Blüten fröhliches Bauerngartenflair.

BLÜTEZEIT Ab Mai oder Juni bis Oktober, bei warmem Wetter noch im Herbst.

SÄEN & PFLANZEN Februar bis März vorziehen, ab Mitte April auspflanzen, mit 20–30 cm Abstand. Oder Mitte April bis Juni direkt an Ort und Stelle säen.

PFLEGE Bei Trockenheit gießen. Alle 4 bis 6 Wochen düngen (außer bei frischer Hochbeetfüllung). Abschneiden verblühter Stiele fördert eine lange Nachblüte und verhindert Selbstaussaat, wenn nicht gewünscht.

KAPUZINERKRESSE

Von der Kapuzinerkresse *(Tropaeolum majus)* mit ihren munteren gelben, orangen und roten Blüten gibt es auch hoch rankende Sorten. Doch fürs Hochbeet eignen sich besser die buschigen, höchstens 40 cm hohen Sorten. Neben Gemüse gepflanzt, kann die Kapuzinerkresse auch als „Fangpflanze" für schwarze Blattläuse dienen.

BLÜTEZEIT Von Juni bis Oktober.

SÄEN & PFLANZEN Im April vorziehen, mit je zwei bis drei Samen in kleine Töpfe. Ab Mitte Mai auspflanzen, mit 20–40 cm Abstand.

PFLEGE Gleichmäßig feucht halten. Alle 4 bis 6 Wochen mit stickstoffarmem Dünger versorgen.

HORNVEILCHEN

Hornveilchen *(Viola cornuta)* kennt man auch als Mini-Stiefmütterchen. Häufig handelt es sich um Kreuzungen zwischen „echten“, mehrjährigen Hornveilchen und Gartenstiefmütterchen. So sind auch die Mini-Stiefmütterchen mit ihren vielfältigen Blütenfarben oft zweijährig.

BLÜTEZEIT März bis Juni und September bis November, teils auch durchgehend und bis in den Winter hinein.

SÄEN & PFLANZEN Anzucht ab Februar, Direktsaat ins Beet von März bis September, Pflanzung von März bis Oktober. Pflanzabstand: 10–20 cm.

PFLEGE Gleichmäßig leicht feucht halten. Verwelkte Blüten entfernen. Über Winter leicht abdecken.

TAUBNESSEL

Die mehrjährige Gefleckte Taubnessel *(Lamium maculatum)* wird in verschiedenen Sorten angeboten: mit rosa, violetten und weißen Blüten und attraktiv gefärbten und gemusterten, wintergrünen Blättern. Die 20–30 cm hohe Staude breitet sich mit der Zeit teppichartig aus.

BLÜTEZEIT Mai bis Juli.

PFLANZEN Am besten im Frühjahr gekaufte Pflanzen setzen, mit 20–30 cm Abstand. Die Anzucht aus Samen ist etwas knifflig.

PFLEGE Gleichmäßig leicht feucht halten. Bei starker Ausbreitung im Frühjahr zurückschneiden oder an den Rändern abstechen. Vor Schnecken schützen.

SCHNEEHEIDE

Die Schneeheide *(Erica carnea)* ist ein immergrüner Winterblüher mit hübschen rosa, roten oder weißen Blütenglöckchen und nadelartigen Blättern. Sie braucht anders als die Besenheide *(Calluna vulgaris)* keine saure Erde.

BLÜTEZEIT Manche Sorten blühen schon ab November oder Dezember (z. B. 'Winter Beauty', 'December Red'), andere erst ab Februar (z. B. die reinweiße 'Isabell').

PFLANZEN Am besten im Frühherbst, auch bis November möglich; mit 20–30 cm Abstand.

PFLEGE Bei längerer Trockenheit gießen, auch über Winter. Nach der Blüte um etwa ein Drittel zurückschneiden. Alle paar Jahre mit Kompost versorgen.

DARAUF KOMMT ES AN

- auf gute Wasserversorgung achten
- Regenwasser bevorzugen
- zeitsparende Gieß- und Bewässerungshilfen nutzen
- Düngung je nach Hochbeetfüllung
- unterschiedliche Nährstoffansprüche der Pflanzen beachten
- organische Dünger bevorzugen
- regelmäßig die Erde lockern oder mulchen
- bei Blumen Verwelktes ausputzen
- mehrjährige Kräuter im Frühjahr zurückschneiden
- Spätgemüse und mehrjährige Pflanzen über Winter schützen
- auf Anzeichen von Schädlingen und Krankheiten achten
- einfache Vorbeuge- und Abwehrmaßnahmen nutzen
- Nützlinge unterstützen
- nur naturnahe, für Menschen ungiftige Mittel verwenden
- hartnäckige Unkräuter früh und konsequent entfernen

PFLEGEN UND VERSORGEN

Gießen und Bewässern

Wasser ist das Lebenselixier für alles, was sprießt und wächst. Gemüse und einjährige Blumen brauchen oft besonders viel Wasser, weil sie innerhalb kurzer Zeit kräftig an „Masse“ zulegen.

1

Im Hochbeet wachsen die Pflanzen meist deutlich schneller als im Bodenbeet. Das wird gefördert durch die Verrottungswärme und zugleich durch die Sonne, die auf die Seitenwände scheint. Dadurch trocknet die Erde aber auch leicht aus – je kleiner und flacher das Hochbeet, desto stärker. So müssen Sie schon im Frühling und erst recht im Hochsommer stets auf eine gute Wasserversorgung achten. Im Hochsommer kann es öfter nötig werden, zweimal am Tag zu gießen.

TROCKENSTRESS UND NÄSSE VERMEIDEN

Wassermangel führt bald zu schlaffen oder eingerollten, gelben und schließlich braunen Blättern. Tomaten, Kohlrabiknollen, Radieschen und Möhren können aufplatzen. Auch anderes Erntegut wird im Aussehen und Geschmack beeinträchtigt. Bei anhaltender Trockenheit und sehr unregelmäßigem Gießen werden zudem öfter Knospen, Blüten und junge Früchte abgestoßen. Außerdem machen sich Schädlinge wie Erdflöhe, Blattläuse und Spinnmilben leichter breit. Doch übermäßiges Gießen ist ebenso gefährlich. Das kann Pilzkrankheiten und Schnecken fördern, zu Sauerstoffmangel in der Erde führen und sogar zur Fäulnis von Wurzeln, Rüben, Knollen und Zwiebeln.

GUTE WASSERVERSORGUNG

Im Hochbeet wie im Garten haben sich folgende „Gießmethoden“ bewährt:

- Am besten morgens und am frühen Abend gießen; besonders im Hochsommer nicht in der prallen Mittagssonne.
- Ohne Brausekopf direkt in den Wurzelbereich gießen, also neben die Pflanzenbasis. Die Blätter, Blüten und Früchte dabei so wenig benässen wie möglich.
- Erst wieder gießen, nachdem die oberste Schicht abgetrocknet, aber

TIPP

Mediterrane Kräuter wie Thymian, Oregano und Bohnenkraut: Die brauchen selbst im Hochsommer nur gelegentlich eine Wassergabe. Werden mehrere dieser Kräuter gepflanzt, setzt man sie am besten am Hochbeetrand nebeneinander: So kann man sie leichter beim Gießen aussparen.

1. Direkt neben der Pflanzenbasis gießen: So kommt das Wasser ohne Verdunstungsverluste am schnellsten zu den Wurzeln.

2. Wachsen Kräuter am Hochbeetrand, kann man sie leicht etwas trockener halten als das „durstigere" Gemüse in der Beetmitte.

die Erde darunter noch leicht feucht ist (einfach mit dem Finger nachprüfen).

- Ausnahme: Bei Sämlingen und frisch gesetzten Jungpflanzen sollte die Erdoberfläche stets leicht feucht bleiben – aber nicht klatschnass.
- Größere und blattreiche Pflanzen gründlich gießen, nicht nur „tröpfeln". Das reicht dann meist auch für ein paar Tage.
- Leicht verkrustete Erdoberflächen vorher lockern, dann versickert das Wasser am besten.
- Zwischen gut eingewachsenen Pflanzen mulchen, also die Erdoberfläche bedecken, um die Verdunstung zu reduzieren (siehe S. 113).

Das Sammeln von Regenwasser in Tonnen oder Tanks reduziert nicht nur die Wasserkosten: Das weiche, gut temperierte Nass vom Himmel ist auch besonders pflanzenverträglich.

2

Verfügt man nur über hartes, kalkhaltiges Leitungswasser, empfiehlt sich das Enthärten mit einem geeigneten Wasseraufbereitungsmittel (bei mehr als 14 °dH). Gerade für wärmeliebende Gemüse wie Paprika und Auberginen lohnt es sich, kaltes Wasser zunächst in Gießkannen oder anderen Behältern anwärmen zu lassen. So kann sich vorm Gießen auch der Kalk am Kannenboden absetzen.

Mit Tropfrohren und -schläuchen lassen sich auch größere Hochbeete gut versorgen.

WICHTIG: GUTER ABFLUSS

Steht das Hochbeet auf dem Gartenboden, kann überschüssiges Gieß- und Regenwasser einfach ablaufen. Um das zu gewährleisten, empfiehlt sich eine ausreichende Dränageschicht aus grobem Gehölzschnitt, die zur typischen Hochbeetfüllung gehört (siehe S. 35). Auch eine Lage Kies oder Schotter fördert den Wasserabfluss.

Doch wenn der Gartenboden stark verdichtet ist, hilft eine Dränageschicht nur mäßig. Bei starkem Dauerregen droht das Vernässen der gesamten Füllung. Da kann sich eine Bodenlockerung mit Motorgeräten und das Einarbeiten von viel Sand und Kies lohnen, bevor das Hochbeet aufgebaut wird. Oder man hebt schmale Entwässerungsgräben unter dem Hochbeetstandort aus.

Bei unten geschlossenen Terrassen- und Balkonhochbeeten kann man einen Ablauf einbauen, mit einem Abflussrohr am Behälterboden. Geschlossene Hochbeete sowie Tischhochbeete werden teils auch schon mit speziellen Vorrichtungen für den Wasserablauf angeboten. So oder so ist auch hier eine Dränageschicht aus Blähton oder Steinchen wichtig.

CLEVERE BEWÄSSERUNGSSYSTEME

Zeit sparen, nicht täglich ans Gießen denken müssen oder auch mal ein paar Tage in Urlaub fahren: Bewässerungssysteme machen's möglich. Dabei sind selbst raffinierte Lösungen noch erschwinglich – und sie sparen unterm Strich auch Wasser.
Bei allen Bewässerungssystemen wird das Wasser tröpfchenweise an die Pflanzen verteilt: über Einzeltropfer an dünnen Verteilerschläuchen oder durch Tropf- oder Perlschläuche mit Perforierungen oder kleinen Düsen. Tropfschläuche oder auch festere Tropfrohre werden zwischen den Pflanzenreihen ausgelegt und eignen sich auch für den Garten. Einzeltropfer kann man z. B. direkt neben Tomaten-, Kohlrabi- oder Basilikumpflanzen ins Hochbeet stecken.
Die Verteiler- bzw. Tropfschläuche werden über einen Gartenschlauch mit dem Wasserhahn oder einem großen Vorratsbehälter verbunden. Mit einer Zeitschaltuhr oder einem kleinen Bewässerungscomputer lässt sich die Wasserabgabe regulieren. Manche Geräte steuern sogar die Wasserversorgung in Verbindung mit Feuchtesensoren in der Erde.
Eine interessante Alternative bieten Systeme, die gar keine Steuergeräte brauchen. Bei diesen sind die Tropfer zugleich auch Feuchtefühler. Dabei reagieren druckempfindliche Membranen in Tonkegeln oder Quellhölzer in den Tropfern auf die Feuchtigkeit in der Erde: So sorgen sie für die nötige Wasserabgabe, wenn es zu trocken wird.

PET-Flaschen und Ollas

Manche Hochbeetgärtner verzichten auf alle ausgeklügelten Systeme und nehmen einfach gebrauchte PET-Flaschen. Die werden nach Befüllen mit Wasser mit dem Flaschenhals in die Erde gesteckt. Zuvor bohrt man kleine Löcher in den Flaschendeckel, über die das Wasser nach und nach in die Erde fließt. Sie können z. B. den Flaschenhals auch mit Baumwolle, Leinen oder Küchenpapier verschließen; also mit Materialien, durch die das Wasser sehr langsam fließt. Manche schneiden auch den Flaschenboden von der Seite her stark ein. So wird er zum aufklappbaren Deckel, über den man immer wieder Wasser nachfüllen kann.
Zunehmend beliebter werden die Ollas: Das sind bauchige, unglasierte Tongefäße, oben mit einer Öffnung samt Deckel. Man gräbt sie zum größten Teil in die Erde ein und befüllt sie mit Wasser, das über die porösen Wände ganz allmählich nach außen abgegeben wird.

DAS PRINZIP DER OLLAS

Mit preiswerten, unglasierten Tontöpfen kann man dieses Prinzip gut „imitieren“. Dazu werden zwei Töpfe an ihren oberen Öffnungen (Topfrand) mit Silikon zusammengeklebt. Das Abflussloch des unteren Topfs wird verschlossen, z. B. mit einer Tonscherbe. Das Abflussloch des anderen Topfs, das nach oben zeigt, dient nach dem Eingraben der „Topfkombi“ zum Einfüllen des Wassers.

Optimal düngen

Ein frisch befülltes Hochbeet mit Rotteschicht ähnelt einem gut aufgesetzten Komposthaufen. So wirkt die Füllung wie ein Naturdünger und versorgt die Pflanzen kräftig mit Nährstoffen.

Werden viele Gartenabfälle, leicht angerotteter Grobkompost und eventuell noch Mist aufgesetzt, braucht man am Anfang kaum eine zusätzliche Düngung. Nachdem Starkzehrer-Gemüse wie Kohl und Kartoffeln das reiche Nährstoffangebot gut genutzt haben, bleibt in den folgenden Jahren noch genug übrig für Mittel- und Schwachzehrer.

GUT ANGEPASSTE VERSORGUNG

Bei einer Hochbeetfüllung mit sehr nährstoffreicher Rotteschicht kann es passieren, dass im ersten Jahr nur ein paar wenige Starkzehrer damit zurechtkommen und vor allem Schwachzehrer schlecht gedeihen (siehe auch S. 54). Denn schon gut ausgereifter Kompost hat eine Düngekraft, die oft unterschätzt wird. Im Allgemeinen werden für Starkzehrer-Gemüse höchstens 3 Liter Kompost je m^2 empfohlen. Das entspricht gerade mal einer Kompostschicht von 3 mm!
Im Hochbeet vertragen Starkzehrer eine höhere Nährstoffzufuhr, weil sie durch die Wärme schneller und üppiger wachsen. Aber wer nicht gerade Rekord-Kohlköpfe oder Riesenkürbisse ernten will, fährt mit einer weniger nährstoffreichen Füllung besser. Das ermöglicht zum einen Mischkulturen von Stark-, Mittel- und Schwachzehrern. Zum andern können Sie so die Pflanzen gezielter mit dem versorgen, was sie wirklich brauchen.

Bei einer guten organischen Düngung sieht das so aus:

- Starkzehrer, z. B. Tomate, Sellerie, Brokkoli: bis 3 Liter Kompost je m^2 plus 50–150 g Hornspäne und 15–30 g Kali
- Mittelzehrer, z. B. Rettich, Möhre, Kopfsalat: bis 2 Liter Kompost je m^2 plus 30–100 g Hornspäne und 5–20 g Kali
- Schwachzehrer, z. B. Buschbohne, Spinat, die meisten Kräuter: bis 1 Liter Kompost je m^2, dazu höchstens 50 g Hornspäne und 5 g Kali

Im ersten Jahr nach dem Aufschichten der Hochbeetfüllung können Sie den zusätzlichen Kompost weglassen – davon ist ja ohnehin schon genug vorhanden. Hornspäne oder ähnlich stickstoffreichen Dünger brauchen nur die Starkzehrer, und das auch nur in kleinen Mengen. Die angeführten Düngeempfehlungen für Stark-, Mittel- und Schwachzehrer gelten also erst ab dem zweiten Jahr.
Wichtig ist aber in jedem Fall Kali, das Salz des Kalium, schon ab dem ersten Jahr: Das festigt das Pflanzengewebe und stärkt die Widerstandkraft gegen Schaderreger und Fröste.

DÜNGER ZUM ERGÄNZEN

Bewährte Stickstoffdünger sind Hornspäne, Horngrieß und Hornmehl. Zunehmend werden

1

2

3

TIPP

Bringen Sie Dünger am besten bei bedecktem Himmel aus, nicht in der prallen Sonne, und erst nach Anfeuchten der Erde. Feste, körnige Dünger werden gleichmäßig ausgestreut und dann oberflächlich eingearbeitet, z. B. mit einem Handkultivator. Flüssigdünger können Sie nach Auflösen im Gießwasser einfach mit der Kanne ausbringen.

1. Nach dem leichten Einharken von Festdüngern wird gründlich gegossen.

2. Gesteinsmehle enthalten wichtige Spurennährstoffe und stärken die Pflanzen.

3. Beinwell lässt sich ebenso wie Brennnesseln gut zum Ansetzen nährstoffreicher Jauchen nutzen.

auch Pellets aus Schafwolle angeboten. Wer vegane Alternativen bevorzugt, findet im Fachhandel Ackerbohnenschrot. Sehr gut eignet sich auch selbst hergestellte Brennnesseljauche.
Der Kaliumbedarf lässt sich durch (naturbelassenes) Patentkali, Vinasse-Dünger und Beinwelljauche decken. Soll Magnesium ergänzt werden, bieten sich Kieserit und Bittersalz an. Beide sind natürlich vorkommende Magnesiumsulfate. Phosphat ist meist schon reichlich im Kompost vorhanden, ebenso wie zahlreiche wichtige Spurennährstoffe. Damit die Hochbeeterde nicht allmählich versauert, ist es ratsam, regelmäßig (alle 2 bis 3 Jahre) etwas Algen- oder Dolomitkalk einzuarbeiten.

Gemüse- und Kräuterdünger

Wird das Hochbeet nicht mit Schichten befüllt, sondern mit Pflanzerde über einer Dränageschicht, kann man einfach gute organische Volldünger verwenden. Viele Dünger sind speziell für Gemüse oder auch für Tomaten und Chili ausgewiesen. Wichtiger ist aber die Wahl spezieller Kräuterdünger: Die sind auf die niedrigeren Nährstoffansprüche der Kräuter zugeschnitten.

Wichtige Pflegearbeiten

Neben dem Gießen und Düngen gibt es noch weitere wichtige Handgriffe, um die Pflanzen zu unterstützen, reiche Ernten zu erzielen und bei Blumen die Blühfreude zu fördern.

1

Diese Maßnahmen verlangen keinen großen Aufwand, aber es lohnt sich, sie regelmäßig bzw. zum richtigen Zeitpunkt durchzuführen. Sämlinge und Jungpflanzen brauchen besondere Aufmerksamkeit; so z. B. auch beim Eindämmen von Unkräutern, die zarte Pflänzchen schnell überwuchern.

HACKEN, LOCKERN, JÄTEN

Das Hacken und Durchziehen z. B. eines Handgrubbers zwischen den Pflanzen und Reihen reduziert zum einen den Unkrautaufwuchs. Zum andern verbessert das die Durchlüftung und Wasseraufnahme der Erde und verringert die Verdunstung, die im Hochbeet oft besonders hoch ist: Denn durch das Hacken werden hauchfeine Bodenkanälchen (Kapillaren) zerstört, über die Wasser sonst nach oben steigen würde.
Wild- oder Unkräuter bereiten im Hochbeet seltener Probleme als in Bodenbeeten. Trotzdem sollte man auch hier stark samenbildende Arten wie Franzosenkraut (Knopfkraut) und Gänsefuß frühzeitig und konsequent entfernen, ebenso Pflanzen wie Acker- und Zaunwinde, die sich an Gemüse und

CHECKLISTE:

GEEIGNETE MULCHMATERIALIEN

- ☐ Rasenschnitt, am besten vermischt mit Holzhäcksel
- ☐ zerkleinerte Gemüse- und Blumenstängel
- ☐ große Blätter, z. B. von Beinwell und Rhabarber
- ☐ Falllaub
- ☐ Stroh
- ☐ Kokosfasermulch
- ☐ Miscanthus-Mulch (Chinaschilf)
- ☐ Rindenhumus

2

1. Unter einer Mulchdecke bleibt die Erde länger feucht und krümelig und Unkräuter haben es schwerer, hochzuwachsen und sich auszubreiten.

2. Regelmäßiges Hacken lockert nicht nur die Oberfläche, sondern verbessert auch die Wasseraufnahme und verringert die Verdunstung.

Blumen hochwinden und diese überwuchern können. Treten hartnäckige Wurzelunkräuter wie Giersch und Distel auf, empfiehlt sich gründliches Entfernen mit einem Unkrautstecher, möglichst mitsamt aller Wurzelreste (siehe auch S. 123).

VORTEILHAFTES MULCHEN

Sind die Pflanzen schon gut eingewachsen, können Sie das Hacken durch eine Erdabdeckung mit Mulchmaterial ersetzen. Im Garten muss man damit oft warten, bis die erste Schneckeninvasion im Frühjahr vorüber ist, weil sich die Viecher gern unterm Mulch verstecken. Im Hochbeet hält sich die Schneckengefahr meist in Grenzen, sodass man hier schon früher die Vorteile einer Bodenbedeckung nutzen kann. Eine Mulchschicht unterdrückt Unkrautaufwuchs, bewahrt die Erdoberfläche vorm Verkrusten und Verschlämmen, reduziert die Verdunstung und wird beim allmählichen Verrotten in Humus umgewandelt.

Die Mulchschicht kann je nach Abdeckmaterial und Größe der Pflanzen 2–6 cm hoch ausgebracht werden. Ziehen Sie den Mulch aber zwischen zarten Sämlingen noch nicht ganz an die Pflanzenbasis heran, sondern lassen Sie ein bis zwei Fingerbreit Abstand.

Mulch schützt zudem der Erde aufliegende Früchte wie Zucchini und Erdbeeren vorm Verschmutzen oder gar Faulen. Dafür eignen sich besonders schnell abtrocknende Mulchmaterialien wie Stroh und Gehölzhäcksel. Weitere geeignete Mulchmaterialien sind in der nebenstehenden Übersicht genannt. Der in Gärten oft eingesetzte Rindenmulch sollte im Hochbeet besser nicht verwendet werden: Er versauert die Erde und enthält wachstumshemmende Gerbsäuren. Pinienrindenmulch ist pflanzenverträglicher, taugt aber vor allem als Winterschutz.

1. Anhäufeln, also das Heranziehen gelockerter Erde rund um die Sprossbasis, fördert bei Kohl und anderen Pflanzen die Standfestigkeit und Wurzelbildung.

2. Mehrjährige Kräuter treiben nach einem Rückschnitt im Frühjahr wieder kräftiger aus, so z. B. auch Lavendel.

1

2

ANHÄUFELN UND STÜTZEN

Beim Anhäufeln zieht man zuvor gelockerte Erde von den Seiten heran, sodass rund um die Stängelbasis ein kleiner Wall entsteht, den man etwas andrückt. Das verbessert z. B. bei Tomaten, Gurken, Kohl und Bohnen die Standfestigkeit und fördert die Ausbildung zusätzlicher Wurzeln. Beim Lauch sorgt das Anhäufeln für schöne weiße Stangen, bei Kartoffeln und Möhren wird es nötig, damit sich das Erntegut oben nicht grün verfärbt.
Höher wachsende Pflanzen brauchen öfter eine Stütze – besonders, wenn sie auch noch Früchte tragen, wie etwa Paprika und Aubergine. Bei größeren Blumen und Stauden ist das ebenso empfehlenswert. Als Stützen eignen sich schlanke Bambus-, Tonkin-, Holz- oder Metallstäbe, die so tief in die Erde gesteckt werden, dass sie stabil stehen. Befestigen Sie daran die Pflanzen in Abständen von 20–30 cm – am besten mit einer lockeren Achterschleife, bei der die Schnur zwischen Stängel und Stütze einmal überkreuzt wird. Das beugt dem Einschnüren der Stängel vor. Gut geht das z. B. mit Bindebast oder Gärtnerschnur.

BLÜTEN AUSPUTZEN

Bei den meisten Sommerblumen und manchen Stauden empfiehlt sich das Entfernen verwelkter Blüten. Das sieht nicht nur besser aus, sondern regt die Pflanzen auch zum Anlegen neuer Knospen an und verlängert die Blütezeit. Andernfalls geht die Energie hauptsächlich in die Samenbildung. Zu den Ausnahmen gehören naturnahe Blüher, die zum Unterstützen der Insektenwelt gepflanzt werden (siehe „Insektentreff Hochbeet", S. 80–85).
Bei manchen Kräutern wie Basilikum empfiehlt sich frühzeitiges Entfernen der Blüten, weil diese auf Kosten des Blattaromas gehen. Ansonsten beugt man oft schon vor, indem man die Kräuter regel-

Zum Stützen und Aufbinden von Tomaten, Paprika & Co sind Bambusstäbe gut geeignet.

mäßig für die Ernte schneidet, kurz vor oder zum Blühbeginn. Dann sind die meisten auch besonders aromatisch. Danach dauert es wieder einige Zeit, bis der Neuaustrieb Blütenknospen anlegt. Oregano, Thymian, Ysop und Rosmarin dagegen schmecken am intensivsten während der Blütezeit.

SPEZIELLE KRÄUTERPFLEGE

Mehrjährige mediterrane Kräuter wie Salbei, Oregano und Ysop sind Halbsträucher, das heißt, sie verholzen mit der Zeit an der Basis. Damit sie von unten her nicht verkahlen und kräftig krautige Neutriebe bilden, schneidet man sie alle 1 bis 2 Jahre im Frühjahr zurück, um bis zu zwei Drittel. Der beste Zeitpunkt dafür ist meist im April, wenn keine stärkeren Fröste mehr drohen.
Bei älteren Pflanzen lässt häufig die Wuchs- und Austriebsfreude nach. Dann können Sie Schnittlauch, Salbei, Oregano, Zitronenmelisse und andere Mehrjährige durch Teilung verjüngen und zugleich vermehren. Graben Sie dazu die Pflanzen im Herbst oder Frühjahr aus und trennen Sie aus dem äußeren, jüngeren Bereich gut bewurzelte Teilstücke ab. Pflanzen Sie diese dann an anderer Stelle neu ein.

WINTERSCHUTZ

Hochbeete können im Winter über ihre Seitenwände auskühlen, wie bei der „Hochbeeternte rund ums Jahr“ beschrieben (siehe S. 75). Sind Spätgemüse und mehrjährige Pflanzen nicht unter einem Frühbeet- oder Gewächshausaufsatz geschützt, empfiehlt sich das Abdecken des Wurzelbereichs mit Laub oder Pinienrinde. Für die oberirdischen Pflanzenteile, z. B. von Kräutern, haben sich locker übereinander geschichtete Fichtenzweige bewährt. Vliese eignen sich gut für flächige Abdeckungen, etwa von Spinat und Feldsalat, oder auch zum Umhüllen, z. B. von Rosenkohl.

Schädlinge und Krankheiten

Üppig wachsendes, gehaltvolles Gemüse: Das schmeckt nicht nur uns, sondern leider auch verschiedenen Mitessern, die sich von selbst einladen und sehr lästig werden können.

Schädlinge laben sich nicht nur gern an saftigen Salatblättern, nahrhaften Kohlköpfen oder Rüben. Auch Kräuter und Blumen stehen öfter auf dem Speiseplan. Die Wärme und das gute Wachstum im Hochbeet sind für manche Schaderreger besonders anziehend.

SCHADURSACHEN ERKENNEN

Blattläuse sind meist unübersehbar. Auch graue Mehltaubeläge machen die Diagnose einfach. Bei kümmernden Pflanzen wird man manchmal fündig, wenn man die Erde aufgräbt: Dann kommen Erdraupen oder Drahtwürmer zum Vorschein.
Schwieriger wird es, wenn unspezifische Wuchsstörungen, Welken oder Blattflecken auftreten. Das kann an winzigen Schädlingen wie Nematoden (Fadenwürmern) liegen, an Pilzkrankheiten oder auch an Bakterien und Viren. Manchmal ist aber nur die Erde stark vernässt, ausgelaugt oder überdüngt. Nicht zuletzt können auch Sonnenbrand, Hitze- und Frostschäden die Ursache für aufgehellte und braun werdende Blätter sein.
Treten öfter knifflige Probleme auf, kann man die Gartenakademien und Pflanzenschutzdienste der Bundesländer um Rat bitten. Auch in Gärtnereien und Gartencentern findet man öfter kompetente Ansprechpartner, die gern weiterhelfen.

VORBEUGEN IST BESSER ...

Am besten ist es natürlich, wenn sich Schaderreger nur schwer breitmachen können. Zu den wichtigsten Vorbeugungsmaßnahmen gehören deshalb Fruchtwechsel und Mischkulturen (siehe S. 52–57 und S. 64). Und alles, was ein kräftiges, vitales Wachstum fördert: pflanzengerechte Wasserversorgung und Düngung sowie Lockern oder Mulchen der Erdoberfläche.
So manchen Ärger erspart man sich durch die Wahl von Sorten (Züchtungen), die als resistent oder tolerant gegen bestimmte Krankheiten und Schädlinge ausgewiesen sind. Eine wichtige Rolle spielt zudem die Hygiene: Reinigen Sie öfter die Gartengeräte und -werkzeuge sowie z. B. alle Pflanzhilfen, Anzuchtgefäße und Stützstangen nach jedem Gebrauch.
Sehr hilfreich ist schließlich auch das Fördern von Tieren, die bevorzugt Schädlinge vertilgen. Zu diesen Nützlingen gehören Vögel, Marienkäfer, Florfliegen, Schlupfwespen, Schwebfliegen und Igel. Sie können solche Helfer gezielt einladen und unterstützen, z. B. mit einem Insektenhotel und speziellen Nisthilfen. Besonders gern besuchen sie Gärten mit Blüten- und Wildhecken, naturnahen Bereichen sowie vielen Blumen mit einfachen, ungefüllten Blüten.

2

1

TIPP

Wenn trotz allem manche der Plagegeister auftreten, die auf den nächsten Seiten vorgestellt werden, finden Sie Hinweise zur Abwehr und Bekämpfung auf S. 122.

3

HÄUFIGE PLAGEGEISTER

Die günstigen Temperaturen im Hochbeet ziehen öfter wärmeliebende Schädlinge wie Blattläuse, Spinnmilben und Weiße Fliegen an (siehe nächste Seite). Dazu gehören auch die winzigen Thripse. Sie saugen z. B. gern an Zwiebeln, Erbsen und Paprika. Typisch sind helle Punkte auf den Blättern, die sich zu oft silbrig glänzenden Flecken ausdehnen. An den Blattunterseiten finden sich dunkle Kottröpfchen der Thripse.
Neben den verbreiteten Gemüsefliegen treten öfter die kleinen Minierfliegen auf, die an Fruchtfliegen erinnern. Ihre Maden fressen Gänge in die Blätter, die man von außen als helle, meist geschlängelte Linien sieht. Minierfliegen schaden z. B. an Lauch, Radieschen, Rettich, Kohl und Salaten.

1. Florfliegen ernähren sich nur von Pollen und Nektar. Doch ihre Larven können innerhalb einer Woche weit über 100 Blattläuse vertilgen.

2. Fraßgänge der Minierfliege an einem Erbsenblatt

3. Die Raupen des Kohlweißlings sind ausgesprochen gefräßig.

Kohlweißlinge sind eigentlich schöne weiße Schmetterlinge mit schwarzen Flügelspitzen und -flecken. Doch ihre bis 5 cm langen, gelbgrünen Raupen können nicht nur ganze Kohlköpfe zerfressen, sondern machen sich auch über Radieschen, Rettiche und Speiserüben her.
Auch Erdflöhe mögen die Kohlverwandtschaft. Die Lieblingsspeise dieser kleinen, flinken Blattkäfer

DIE WICHTIGSTEN SCHÄDLINGE

SCHADTIERE	ANZEICHEN, SCHADBILD
Blattläuse	Blätter stark gekräuselt bis eingerollt. Klebrige, oft schwärzliche Blattbeläge. Auf Blattunterseiten oder an Triebspitzen kleine grüne, schwarze oder braune Läuse, oft in Kolonien.
Spinnmilben	Auf den Blättern erst viele winzige, helle Pünktchen, die dann zu größeren Flecken verschmelzen. Blätter rollen sich ein und fallen ab. Pflanzen oft mit feinen, hellen Gespinsten überzogen.
Weiße Fliegen (Mottenschildläuse)	Kleine, gelbe Flecken an den Blättern, die bei starkem Befall welken. Auf den Blattunterseiten weiße Insekten, die bei Berührung auffliegen; oft auch kleine, gelblich grüne bis weißliche Larven. Klebrige, teils schwärzliche Blattbeläge.
Gemüsefliegen	Kleine Fliegen, deren weiße Larven (Maden) an vielen Gemüsearten fressen. Bei frühem Befall welkende Sämlinge und Jungpflanzen. Später schmale Fraßgänge in Blättern, Stängeln, Rüben oder Knollen. Zwiebeln können vom Boden her faulen.
Erdraupen	Raupen von Eulenfaltern, grün, bräunlich oder grau, bis 6 cm lang; rollen sichbei Berührung stark zusammen. Junge Raupen schaben erst nur an denBlättern; dann Fenster- und Lochfraß, bis hin zu Kahlfraß. Kohl- und Salatköpfe werden durchgefressen, bei Tomaten und Paprika auch Fraß an den Früchten.

sind aber junge Radieschen. Bei denen fressen sie massenhaft punktartige Löcher in die Blätter, die dann wie durchsiebt aussehen.

Unter der Erde

Wegen der Befüllung mit Pflanzenresten und der lockeren Erde nutzen manche Bodenschädlinge Hochbeete gern als Unterschlupf.
Mit den Erdraupen hat man in der Regel am meisten Ärger. Aber auch Drahtwürmer sind keine Seltenheit. Es handelt sich um wurmähnliche, gelblich braune, bis 3 cm lange Larven von winzigen Schnellkäfern. Sie fressen öfter die kompletten Wurzeln ab, sodass z. B. Salate und Rote Bete umfallen oder sich einfach herausziehen lassen. In Rüben und Knollen wie Möhren, Rettichen und Kartoffeln verursachen sie scharf umrandete Fraßlöcher und Fraßkanäle. Drahtwürmer lassen sich gut durch Köder fangen. Dazu können Sie halbierte Kartoffeln 10–20 cm tief in die Erde vergraben oder auch vorgequollene, keimende Weizen- und Maiskörner in einem Plastikbecher.
Die 2–5 cm langen Engerlinge von Mai-, Juni- und Gartenlaubkäfern fressen ebenfalls an den Wurzeln, bis hin zum Welken und Absterben der Pflanzen. Ebenso können sie – recht große –Löcher in Salatköpfe, Kohlrabiknollen, Möhren und Kartoffeln fressen. Gegen Gartenlaubkäfer gibt es spezielle Lockstofffallen und Nematodenpräparate.
Wurzelnematoden (Älchen) sind winzige, fadenartige Würmer. Teils wandern sie frei in der Erde, teils hausen sie in Gallen oder Zysten an den Wurzeln und legen darin ihre Eier ab. Sie saugen mit ihrem Mundstachel die Pflanzenzellen aus. Das führt z. B. bei Salaten, Zwiebeln, Kartoffeln, Erdbeeren und Kräutern zu kümmerlichem Wuchs, nicht selten auch zum Absterben. Oft sind gleich mehrere Pflanzen derselben Art betroffen.

1

2

3

1. Saugschäden von Spinnmilben an Tomatenblättern

2. Weiße Fliegen sitzen an den Blattunterseiten, wie hier beim Kohlrabi

3. Meist typisch eingerollt: die Larve des Maikäfers, noch besser bekannt als Engerling

TIPP

Tagetes und Ringelblumen können freilebende Wurzelnematoden eindämmen. Doch wenn solche Schädlinge immer wieder auftauchen, ist am besten, das Hochbeet komplett neu zu befüllen. Vorher sollten alle Erdreste sehr gründlich entfernt werden.

KUPFERBAND GEGEN SCHNECKEN

Zum Abwehren hochkriechender Schnecken sollen Kupferbänder helfen, die man rundum am Hochbeet befestigt. Kupferionen sind für Schnecken giftig. Sie werden allerdings nur aus dem Band gelöst, wenn das Wetter warm genug und der Schleim der Tiere ausreichend sauer ist. Das haut leider nicht immer hin.

Spezialfall Ameisen

Ameisen sind keine Schädlinge, werden aber öfter zur Plage, weil sie die Wärme im Hochbeet lieben. Brennnessel- oder Wermutjauche sollen beim Vertreiben helfen oder auch ein Tee aus Rainfarn, Schafgarbe, Oregano und Thymian. Doch am meisten bringt wohl das Umsiedeln: Dazu füllt man einen großen Topf mit guter Erde und Holzwolle und stellt ihn mit der Öffnung nach unten über das Ameisennest. Mit etwas Glück zieht das ganze Ameisenvolk in den Topf um und lässt sich dann nach draußen umquartieren.

Schneckenfreie Hochbeete?

Dass die gefräßigen Nacktschnecken keine Hochbeetwände erklimmen können, ist leider nur ein Gerücht. Wo der Garten öfter von Schnecken heimgesucht wird, empfiehlt sich oben das Anbringen einer Schneckenkante aus Blech (am besten unter einem Holzbrett als Handlauf) oder Kunststoff. Manche Gärtner haben auch gute Erfahrungen mit Kupferbändern gemacht, die an den Hochbeetwänden befestigt werden.
Wenn allerdings mit dem eingefüllten Kompost Schneckeneier in das Hochbeet kommen, bleibt einem nur das häufige Absammeln. Oder man verwendet Schneckenköder mit (dem für Warmblüter ungiftigen) Eisen-III-Phosphat.

HÄUFIGE PILZKRANKHEITEN

Schon beim Falschen Mehltau ist die Diagnose nicht immer einfach. Das gilt erst recht für verschiedene Blattflecken-, Welke- und Bodenpilze, von denen es eine ganze Reihe gibt – und häufig nur fachsprachliche Bezeichnungen wie Septoria, Fusarium und Sclerotinia. Andererseits bekommt man dagegen auch kaum geeignete Pflanzenschutzmittel.
Deshalb ist das Vorbeugen hier noch wichtiger als bei den Schädlingen. Dazu gehört, die Pflanzen nicht allzu eng zu setzen: Das beugt einer schnellen Verbreitung von Krankheitserregern vor. Vor allem aber können die Pflanzen und die Erde so nach einem Regen besser abtrocknen. Denn die allermeisten Schadpilze brauchen Feuchtigkeit, um sich auszubreiten. Deshalb sind schmale Tomatenhäuser oder einfache Foliendächer auch das beste Mittel gegen die fast jährlich auftretende Kraut- und Braunfäule an Tomaten, die die Früchte mit dunklen Flecken unbrauchbar macht.
Ansonsten ist es ratsam, Blätter mit Krankheitsanzeichen frühzeitig zu entfernen, im Zweifelsfall auch die ganze Pflanze, bevor sie andere anstecken kann.

DIE WICHTIGSTEN KRANKHEITEN

SCHADERREGER	SCHADBILD
Echter Mehltau	Weißer bis grauweißer, mehliger, abwischbarer Belag, meist auf den Blattoberseiten. Teils auch auf Blüten und Früchten.
Falscher Mehltau	Auf der Blattoberseite gelbe bis braune Flecken. Auf der Unterseite weißgraue, graubraune oder bräunliche bis rötliche Beläge. Teils absterbende Blatt- und Triebspitzen.
Grauschimmel (Botrytis)	Auf Blättern, Trieben, Knospen, Blüten und Früchten braune Flecken, die bald weichfaul werden und sich mit einem mausgrauen, stark stäubenden Pilzrasen überziehen.
Rostpilze	Auf der Blattoberseite gelbliche, rötliche oder bräunliche Punkte oder Flecken. Auf der Unterseite rötlich braune, orangerote, gelbliche oder braune, oft kreisförmig angeordnete Pusteln. Zum Herbst hin Bildung dunkler Sporenlager.
Kohlhernie	Welkende Pflanzen, ältere Blätter vergilben. Wurzeln oder ganzer Wurzelbereich angeschwollen, mit kropf- oder gallenartigen Wucherungen. Diese innen fest, ohne Fraßgänge (anders als beim recht harmlosen Kohlgallenrüssler).

1

2

3

1. Starker Grauschimmelbefall an Erdbeeren

2. Echter Mehltau an Zucchini mit dem typischen Belag

3. Rostpilze an Lauch treten oft erst ab Spätsommer auf.

Kulturschutznetze lassen sich über Hochbeeten gut an Rundbögen aufspannen.

AUSSPERREN UND EINDÄMMEN

Zu den besten Abwehrmaßnahmen gegen Schädlinge gehören Kulturschutznetze, die man frühzeitig über die Samen oder Jungpflanzen legt und rundum an den Seiten gut befestigt. Solche Netze halten Gemüsefliegen von der Eiablage im Beet ab und sperren auch andere Schädlinge aus. Kohlkragen aus Pappe können die Eiablage der Kohlfliege verhindern. Und Vogelschutznetze beschirmen die Saaten ebenso wie reifende Erdbeeren.

Die wichtigste Absperrung ist aber zunächst ein kräftiges Wühlmausgitter (mit 6–8 mm Maschenweite), das vor dem Befüllen des Hochbeets über dem Boden ausgebreitet und an den Seiten rund 20 cm hochgezogen wird.

Die angenehme Arbeitshöhe eines Hochbeets macht es einfacher, Schädlinge, die oft an den Blattunterseiten sitzen, frühzeitig zu entdecken. Dann bekommt man sie oft schon durch Abstreifen, Ablesen, Abbürsten oder Zerquetschen von Eigelegen in den Griff. Beim Aufspüren nachtaktiver Raupen und Larven hilft eine Taschenlampe.

Naturnahe Pflanzenschutzmittel

Selbst hergestellte Pflanzenauszüge (Brühen, Jauchen, Tees, Kaltauszüge) stärken vor allem die Widerstandskräfte der Kulturpflanzen, manche wirken aber auch direkt gegen Schädlinge, beispielsweise Zubereitungen aus Rainfarn, Wermut und Brennnessel. Gegen Pilzkrankheiten haben sich Auszüge aus Zwiebelschalen, Knoblauch und Ackerschachtelhalm bewährt.

Viele käufliche, gut wirksame Pflanzenschutzmittel basieren auf Naturstoffen. Dazu zählen Kaliseife, Rapsöl, Pyrethrine, Neem (Azadirachtin) und Quassia gegen Schädlinge sowie Netzschwefel gegen Echten Mehltau. Auch nützliche Mini-Organismen lassen sich einsetzen: nämlich Bacillus-thuringiensis-Präparate gegen Kohlraupen sowie Nematodenpräparate, die man einfach im Gießwasser auflösen kann. Die wirken z. B. gegen Engerlinge, Dickmaulrüssler und Ackerschnecken.

Setzen Sie Pflanzenschutzmittel, auch solche aus Naturstoffen, nur für den zugelassenen Anwendungsbereich ein, und richten Sie sich genau nach

Ein Kohlkragen bewahrt junge Pflanzen vor der Eiablage der Kohlfliege.

den Dosierungs-, Anwendungs- und Sicherheitsempfehlungen der Hersteller. Außerdem sehr wichtig: Pflanzenschutzmittel sollten stets unzugänglich für Kinder aufbewahrt werden!

WILDWUCHS IM HOCHBEET

Im Allgemeinen bereiten Wild- oder Unkräuter im Hochbeet weniger Probleme als in einem Gartenbeet. Samenunkräuter wie Hirtentäschel, Gänsefuß und Ehrenpreis verbreiten sich bevorzugt in Bodennähe und Wurzelunkräuter wie Kriechender Hahnenfuß schaffen es kaum, durch alle Hochbeetschichten nach oben zu wachsen.

Allerdings halten sich Wildpflanzen nicht an „Regeln“ und besiedeln auch höhere Etagen, wenn es sich anbietet. Steht das Hochbeet ziemlich frei und ist nach Westen ausgerichtet, also zur Hauptwindrichtung hin, kann der Besatz mit Samenunkräutern deutlich stärker werden. Außerdem klettern ausgesprochen lästige Unkräuter wie Zaun-, Ackerwinde und Klettenlabkraut überall nach oben, gern auch am Hochbeet.

Die häufigste Ursache für eine Verunkrautung ist allerdings das Einfüllen von Pflanzenresten mit Samen sowie von eigenem Kompost aus dem Garten, der oft ebenfalls noch keimfähige Samen enthält. Noch mehr Mühe macht es später, wenn beim Aufschichten auch Wurzelstücke z. B. von Löwenzahn oder Quecke eingebracht wurden.

Aber das Schöne am Hochbeet ist eben auch, dass man unerwünschte Pflanzen in bequemer Haltung auszupfen kann – zusätzlich erleichtert durch die lockere Erde. Das sollte man dann konsequent und frühzeitig machen und, wenn nötig, öfter wiederholen. So bekommt man selbst hartnäckige Unkräuter in den Griff, wenn man ihre Wurzelreste mithilfe eines Unkrautstechers möglichst komplett beseitigt. Zusätzlich hilft das Mulchen freier Zwischenräume ebenso wie der Anbau von Kartoffeln und Buschbohnen, die schnell eine geschlossene Decke bilden und Wildwuchs unterdrücken.

Keinesfalls jedoch sollten Unkrautbekämpfungsmittel eingesetzt werden. Wenn in der Umgebung von Hochbeeten Unkräuter stören, z. B. auf Gartenwegen und in Plattenfugen, empfehlen sich ungiftige Herbizide mit Pelargon- oder Essigsäure.

SAMENUNKRÄUTER

Wildkräuter wie das Knopf- oder Franzosenkraut, die Unmengen an Samen bilden, machen sich öfter auch in Hochbeeten breit. Sie können sehr lästig werden. Dazu zählen z. B. auch Gänsefuß und manche Ehrenpreis-Arten.

BEZUGSQUELLEN

Pflanzenschutz

- Amtliche Pflanzenschutzberatung
  www.pflanzenschutzdienst.de

Nützlinge

- Andermatt Biocontrol
  www.biocontrol.ch
- Kiepenkerl, Samenshop24
  www.samenshop24
- W. Neudorff
  www.neudorff.de

Beeren

- Häberli Fruchtpflanzen
  www.haeberli-beeren.ch/de
- Lubera
  www.lubera.com

Stauden

- Arends Staudengärtnerei – Gartenschule – Gartenplanung
  www.anja-maubach.de
- Staudengärtnerei Gaissmayer
  www.staudengaissmayer.de
- Staudengärtnerei Gräfin von Zeppelin
  www.graefin-v-zeppelin.com

Kräuter

- Kräuter- und Staudengärtnerei Mann
  www.staudenmann.de
- Rühlemann‘s Kräuter & Duftpflanzen
  www.kraeuter-und-duftpflanzen.de
- Syringa Duftpflanzen und Kräuter
  www.syringa-pflanzen.de

Saatgut

- Bingenheimer Saatgut
  www.bingenheimersaatgut.de
- Dreschflegel
  www.dreschflegel-saatgut.de
- Magic Garden Seeds
  www.magicgardenseeds.de

Bio-Erden

- Floragard Vertriebs GmbH
  www.floragard.de

DER AUTOR

Der gelernte Gärtner und Diplom-Agraringenieur Joachim Mayer ist Autor und Journalist für Gartenbücher. Darüber hinaus berät er Hobbygärtner bei allen Fragen zur Gartenanlage und -praxis.

REGISTER

Fette Seitenzahlen verweisen auf Abbildungen.

BILDNACHWEIS

Mit 160 Farbfotos

Elke Borkowski/gardenpicturestock: S. 16 re; **Flora Press:** /FocusOnGarden/Sibylle Pietrek S. 2/3, /Thomas Dupaigne S. 11re, /GWI S. 15 li, /Blitzart S. 15 re, /Otmar Diez S. 21, /Ute Klaphake S. 22/23, /Otmar Diez S. 30 alle drei, 31 alle drei, 32 alle drei, /Digitalice Images S. 44 li, /BIOSPHOTO/Serge Lapouge S. 46, /FocusOnGarden/Sibylle Pietrek S. 50 o, /Karen Meyer-Rebentisch S. 50 u, /Melli Freudenberg S. 56 li, /Karen Meyer-Rebentisch S. 57 li, /Visions S. 57 re, /Nature in Stock/ Marja van der Laan S. 81 u, /Visions 94 o, /GWI S. 97 o, /Edition Phönix S. 97 mi, /Evi Pelzer S. 97 u, /Karen Meyer-Rebentisch S. 104/105, /gartenfoto.at S. 107 u, /Botanical Images S. 11 oli, /BIOSPHOTO/NouN S. 111 ure, 114 li, /Nature in Stock S. 117 li, /FLPA Images of Nature S. 119 o, /Otmar Diez S. 119 uli, /Ardea/Steve Hopkin S. 119 ure, /FocusOnGarden/Sibylle Pietrek S. 120, /Otmar Diez S. 121 ore, 123 li, /FocusOnGarden/ Sibylle Pietrek S. 128; **GAP Photos:** S. 9 o, 20 re, 113 re, /Heather Edwards S. 52, /Jo Whitworth S. 57 mi, /Nicola Stocken S. 75 o, /J S Sira S. 94 u, /Nicola Stocken S. 95 o, /Gary Smith S. 96 mi, /Robert Mabic S. 102 mi, /Jonathan Buckley S. 114 re; **Thomas Heß:** S. 109; **mauritius images:** /Danita Delimont/ Janet Horton S. 12, 13, /fotoknips S. 107 o, /Janet Horton/ Alamy S. 108, /Alamy/Nigel Cattlin S. 121 ure; **shutterstock:** /Gardens by Design S. 9 u, /lunamarina S. 11 li, /SalHar S. 18 li, /Alison Hancock S. 19 o, /Bildagentur Zoonar GmbH S. 25 u, /Scorz S. 25 li, /Bildagentur Zoonar GmbH S. 26 alle vier, S. 27 oben beide, /Vicki Vale 55 li, /Gardens by Design S. 69, /Yulia von Eisenstein S. 88 u, /Landrausch 89 o, /Letterberry S. 89 mi, /VICUSCHKA S. 89 u, /viki2win 93 o, /Peter Turner Photography S. 93 mi, /Vicki Vale S. 93 u, /Jen Petrie S. 98 o, /Irina Kvyatkovskaya 98 mi, /TG23 S. 100 o, /DeymosHR S. 101 u, /Alison Hancock S. 102 o, /fotoknips S. 102 u, /M. Schuppich S.103 o, /Trybex S. 103 mi, /Bildagentur Zoonar GmbH S. 103 u, /J Michael Fitzpatrick S. 122, 123 re; **stock.adobe.com:** /Domoney Ltd. S. 7 re, /wiw S. 8, /iris S. 10, /Manfred Ruckszio S. 16 li, /Insp.Clouseau S. 19 u, /vulkanismus S. 25 re, /Alfred Hofer S. 27 u, /Eileen Kumpf S. 33 o, /Peter Maszlen S. 33 u, /pixeldeus S. 36, /Manfred Ruckszio S. 37, /Inka S. 45 li, /lantapix S. 54, / cuhle-fotos S.81 o, /Eléonore Horiot S. 81 mi, /Eileen Kumpf S. 88 o, /rodimovpavel 88 mi, /Volodymyr S. 90 o, /Peter Turner Photography S. 90 mi, /yuris S. 90 u, /Gaston Cerliani S. 91 o, /apetuhov S. 90 mi, /Hannes Mallaun S. 92 o, /Martina Berg S. 92 u, /Patrick Daxenbichler S. 98 u, /MarkusL S. 99 mi, 99 mi, /Irena S. 99 u, /Helen Rushbrook/Stocksy S. 100 mi, /h_dietrich S. 100 u, /Claudia Paulussen S. 101 o, /Martins Vanags 2019 S. 101 mi, /Sandy Sarsfield S. 115; **Friedrich Strauss/Gartenbildagentur:** /Friedrich Strauss S. 20 li, 28 alle vier, 29 beide, 41 li, 45 re, 48 alle vier, 49 alle drei, 55 re, 75 u, 86 o, 91 u, 92 mi, 95 u, 96 o, 96 u, 99 o, 117 ore, 121 li; **Annette Timmermann:** S. 4/5, 7 li, 35 li, 38/39, 41 re, 47 alle vier, 53, 86 u, 111 ore, 113 li, 117 re;

Mit 25 Illustrationen von:

Ortrud Grieb: S. 58, 59 beide, 60, 61 beide, 62, 63 beide, 65, 66, 67, 68, 71, 72, 73, 76, 77, 78, 79, 82, 83, 84, 85;
Shutterstock: M. Kirchner: S. 35;

IMPRESSUM

Umschlaggestaltung von Claudia Eder – Konzept und Gestaltung – Pocking. Unter Verwendung von 4 Farbfotos und 1 Farbzeichnung. Umschlagvorderseite: Elke Borkowski/gardenpicturestock; Umschlagrückseite: mauritius images/Ginger by Choice/ Alamy; Umschlagklappe außen, vorne: Ortrud Grieb; Umschlagklappe außen, hinten: Flora Press/Jonathan Buckley; Umschlagklappe vorne, innen: Patrick Daxenbichler

Mit 164 Farbfotos und 26 Farbzeichnungen.

Alle Angaben in diesem Buch erfolgen nach bestem Wissen und Gewissen. Sorgfalt bei der Umsetzung ist indes geboten. Verlag und Autor übernehmen keinerlei Haftung für Personen-, Sach- oder Vermögensschäden, die aus der Anwendung der vorgestellten Materialien und Methoden entstehen können. Dabei müssen rechtliche Bestimmungen und Vorschriften berücksichtigt und eingehalten werden.

Unser gesamtes Programm finden Sie unter **kosmos.de.**
Über Neuigkeiten informieren Sie regelmäßig unsere Newsletter, einfach anmelden unter **kosmos.de/newsletter**

MIX
Papier aus verantwortungsvollen Quellen
FSC® C110508

Gedruckt auf chlorfrei gebleichtem Papier

© 2021, Franckh-Kosmos Verlags-GmbH & Co. KG, Stuttgart.
Alle Rechte vorbehalten
ISBN 978-3-440-17130-1
Projektleitung: Birgit Grimm
Redaktion und Bildredaktion: Birgit Grimm
Gestaltungskonzept: GRAMISCI Editorialdesign, München
Gestaltung und Satz: Katrin Kleinschrot, Stuttgart
Produktion: Klaus Jost
Druck und Bindung: Westermann Druck Zwickau GmbH, Zwickau
Printed in Germany / Imprimé en Allemagne